Kinder spielerisch fördern

3 bis 6 Jahre

DER NEUE GROSSE ELTERN-RATGEBER

GONDROM

Zuerst veröffentlicht im Jahr 2000 in Großbritannien
bei Learning World, einem Imprint von
Chrysalis Books plc, 64 Brewery Road London N7 9NT

Titel der englischen Originalausgabe:
Learning FUNdamentals. 3–6 Starting School

Bearbeitung und Koordination der deutschen Ausgabe:
akapit Verlagsservice, Berlin – Saarbrücken
Übersetzerin: Dagmar Mallett (akapit Verlagsservice)
Covergestaltung: Monika Hagen

ISBN 3-8112-2129-9

Der Umwelt zuliebe gedruckt auf chlorfrei gebleichtem Papier.

Die Autoren

Colin Rose

Colin Rose ist ein anerkannter Pädagoge. Die Idee zu „Kinder spielerisch fördern" stammt von ihm und er ist Mitautor dieses Werks. Er entstaubt die Regeln der Pädagogik und macht sie in Form von leichtem und effektivem Lernen einem breiten Publikum zugänglich. Zudem arbeitet er als Berater für viele Unternehmen und Universitäten und hält auf internationalen Konferenzen und Symposien Vorträge über Lernen und Erziehung.

Er ist auch Gründungsmitglied der britischen „Campaign for Learning", einer Initiative der „Royal Society for the Encouragement of Arts, Manufacturers & Commerce", die von der britischen Regierung und der Industrie unterstützt wird. Als Vater von vier Kindern lebt er mit seiner Frau Joanna und seinen zwei jüngsten Kindern Alexander und Catherine in Buckinghamshire, England.

Gordon Dryden

Gordon Dryden, Schriftsteller, Wissenschaftler, Rundfunksprecher und Fernsehproduzent, ist Mitautor des Buches „The Learning Revolution", das in vielen Ländern zum Bestseller wurde. Zu seinen größten Erfolgen gehört auch die Produktion der sechsteiligen englischen Fernsehserie „Where To Now?" über die Auswirkungen der elterlichen Erziehung auf die Entwicklung des Kleinkinds und seine späteren Leistungen.

Der vielfach ausgezeichnete Journalist gibt seinen Beruf selbst am liebsten mit „Vereinfacher" an. Er ergänzte und vertiefte seine Forschungsarbeit in England, ist aber in Auckland, Neuseeland, zu Hause, wo er mit seiner Frau Margaret lebt. Sie haben vier erwachsene Kinder und drei Enkelkinder.

INHALT

Einführung 7
Kinder des 21. Jahrhunderts 8
Die Pyramide des Glücks 9
Ein ausgewogenes Kind 12
Machen Sie aus allem das Beste 13
Nur für Papa! 17
Liebe und Sicherheit 18
Die sieben Intelligenzen 20

DIE FÜNF SINNE

Einführung 21
Aktivitäten 25

GROSSER WORTSCHATZ

Einführung 29
Aktivitäten 33

LESEN

Einführung 37
Aktivitäten 43

SCHREIBEN

Einführung 53
Aktivitäten 57

RECHNEN

Einführung 61
Aktivitäten 64

KREATIVITÄT

Einführung 75
Aktivitäten 77

DENKFÄHIGKEIT

Einführung 83
Aktivitäten 87

MUSIK

Einführung 93
Aktivitäten 96

WISSENSCHAFT UND NATUR

Einführung 99
Aktivitäten 101

GEDÄCHTNIS

Einführung 105
Aktivitäten 108

SELBSTWERTGEFÜHL

Einführung 111
Aktivitäten 115

WERTE

Einführung 119
Aktivitäten 123

Nützliches 127
Register 128
Kopiervorlagen 129

Eure Kinder sind nicht eure Kinder.
Sie sind die Söhne und Töchter der Sehnsucht des Lebens
nach sich selber.
Sie kommen durch euch, aber nicht von euch
und obwohl sie mit euch sind, gehören sie euch doch nicht.
Ihr dürft ihnen eure Liebe geben, aber nicht eure Gedanken,
denn sie haben ihre eigenen Gedanken.
Ihr dürft ihren Körpern ein Haus geben, aber nicht ihren Seelen,
denn ihre Seelen wohnen im Haus von morgen,
das ihr nicht besuchen könnt,
nicht einmal in euren Träumen.
Ihr dürft euch bemühen, wie sie zu sein,
aber versucht nicht, sie euch ähnlich zu machen.
Denn das Leben läuft nicht rückwärts,
noch verweilt es im Gestern.
Ihr seid die Bogen, von denen eure Kinder
als lebende Pfeile ausgeschickt werden.

Kahil Gibran in **Der Prophet**

Einführung

„Kinder lernen fast alles, wenn sie die Informationen tanzen, schmecken, tasten, hören, sehen und fühlen können."
Jean Houston

Kinder des 21. Jahrhunderts

Ihr Kind wächst im 21. Jahrhundert heran. Es lebt in einer Welt, die sich schneller verändert und komplexer ist als diejenige, die Sie noch erfahren haben – einer Welt, in der es darauf ankommen wird, wie schnell man sich anpasst, wie logisch man denkt und wie innovationsfreudig man sein kann.

Seine Welt wird selbstständiges Arbeiten verlangen und die Fähigkeit, sich Wissen und Können selbst mit Hilfe der neuen Medien wie CD-ROM und Internet anzueignen.

Auch wenn die Gesellschaft ständig mehr Wert auf Technik als auf soziale Aspekte legt, werden in der Welt Ihres Kindes dennoch Freundlichkeit, Ehrlichkeit, Respekt vor anderen und die Fähigkeit, enge liebevolle Beziehungen einzugehen, die Grundlagen des wahren Glücks sein. Ihr Kind wird diesen neuen Herausforderungen nur dann gewachsen sein, wenn es ein tiefes Verständnis für die wesentlichen menschlichen Werte besitzt. Die Bausteine der Entwicklung eines Kindes werden sehr früh geformt. Die Grundlagen seiner Erziehung und seine daraus entwickelten Gewohnheiten entscheiden über seinen späteren Erfolg. Das magische Geheimnis besteht darin, während seiner ersten sechs Lebensjahre eine stimulierende Umgebung zu schaffen, die reich an Angeboten ist. Jedes Kind braucht eine sorgfältig geplante lernfördernde Umgebung, die es

ermutigt, seine „ausgewogenen“ Fähigkeiten ganzheitlich zu entwickeln, und die zum Denken anregt, damit es selbstbewusst wird und Spaß am Lernen hat. Wir legen größten Wert auf das Wort „ausgewogen“: Was hat Ihr Kind davon, wenn Sie ihm helfen, sehr früh zu lesen und zu rechnen, wenn es ihm aber auf der anderen Seite an Neugier, Kreativität, Liebe zur Natur und der Fähigkeit zu teilen oder anderen zu helfen mangelt? Wir legen ebenfalls großen Wert auf das Wort „geplant“. Geplant vorzugehen, schließt Spontaneität, Lachen oder Spaß nicht gleichzeitig aus. Es reicht aber nicht aus, nur einen Traum für Ihr Kind zu haben, sondern Sie müssen sich auch Gedanken darüber machen, wie Sie diesen Traum am besten verwirklichen können. Seine Entwicklung soll strukturiert und nicht planlos sein.

Die Pyramide des Glücks

Wir stellen uns die frühe Entwicklung eines Kindes gern als eine Reihe von Bausteinen vor, die – mit den Grundsteinen beginnend – Stück für Stück aufeinander gebaut werden müssen, um als höchstes Ziel das Glück des Kindes zu erreichen. Unser Programm basiert auf dieser Pyramidenstruktur. Das Fundament der Pyramide besteht aus der Versorgung Ihres Kindes mit Liebe, Sicherheit und Spaß.

„Kinder spielerisch fördern" besteht aus Spielen und Aktivitäten. Sie machen natürlich Spaß, verfolgen aber dennoch ein Entwicklungsziel. Jedes Spiel trägt zu einem oder mehreren Bausteinen bei. Es ist ein großer Unterschied, ob ein Spiel Freude macht und zugleich ein pädagogisches Ziel verfolgt, oder ob es reiner Zeitvertreib ist, der Ihr Kind nur beschäftigt. Bei den Spielen aus diesem Buch können Sie sicher sein, dass sie unmittelbar die körperlichen, emotionalen oder intellektuellen Fähigkeiten Ihres Kindes fördern. Schon beim Titel „Kinder spielerisch fördern" kommen unsere beiden Ziele zum Ausdruck.

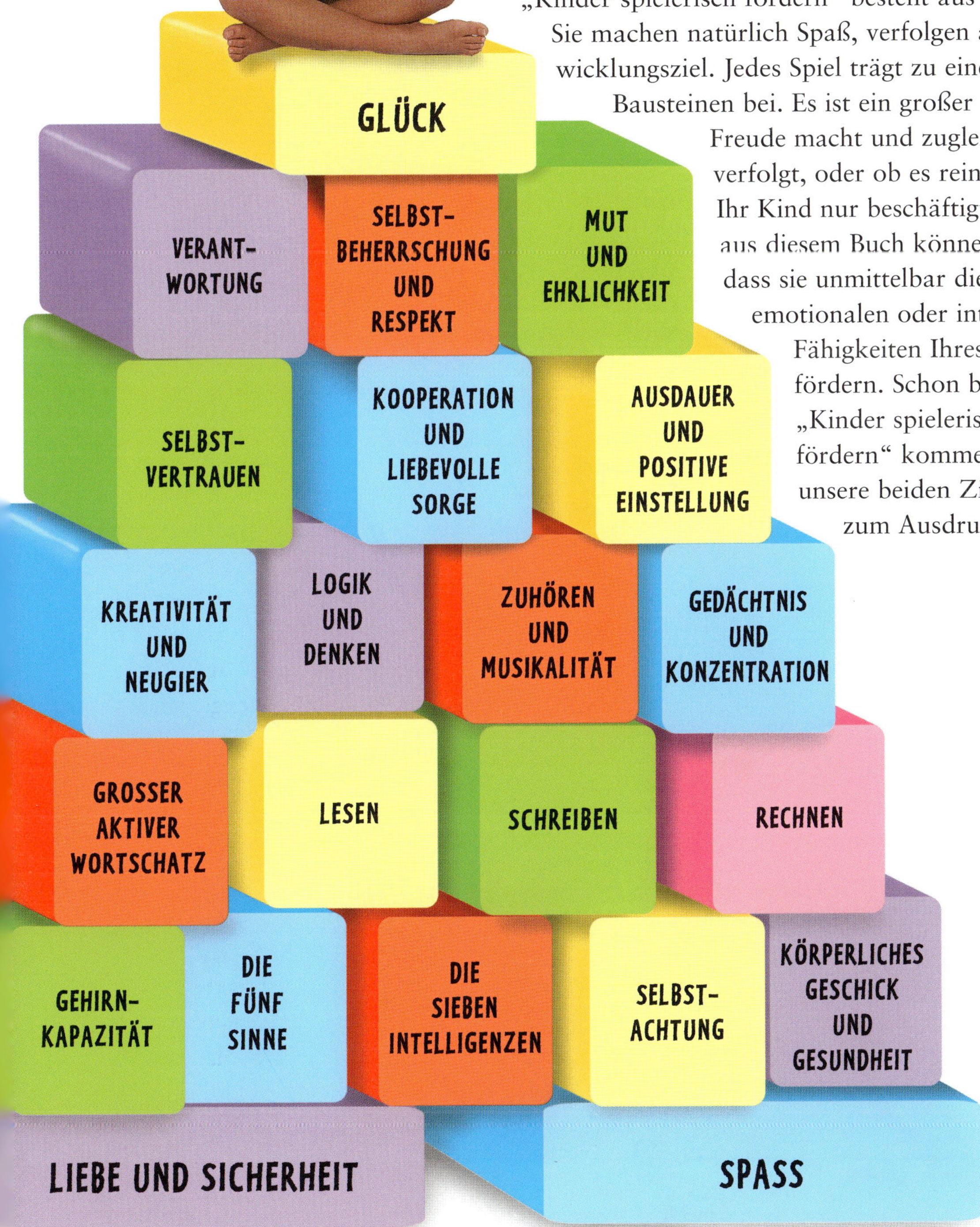

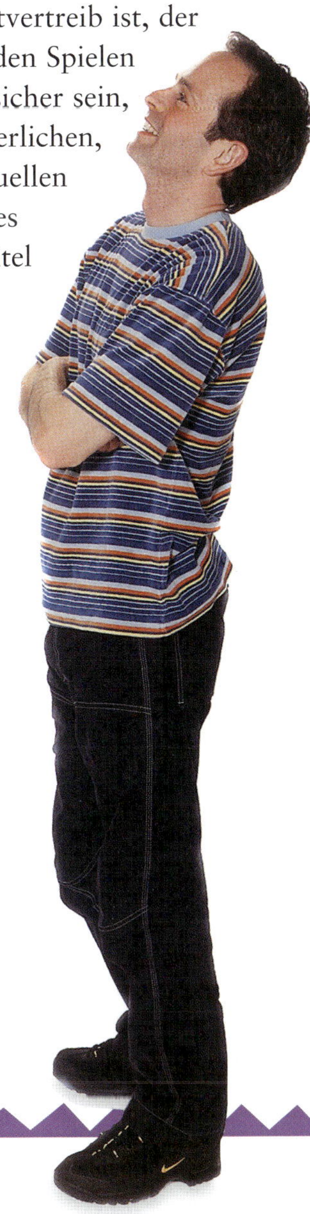

Potenzial in Intelligenz umwandeln

Sicherlich hören Sie manchmal das Argument, dass Kinder in der Vorschule noch nicht lesen lernen, sondern freudig die Natur erkunden sollten. Dabei wird nicht verstanden, dass Kinder beides können. „Kinder spielerisch fördern" baut auf der Überzeugung auf, dass ein gutes Wortspiel ebenso viel Spaß machen kann wie das Backen von Sandkuchen. Kinder brauchen eine ganze Reihe von Aktivitäten, um ihr volles Potenzial zu entfalten.

Gehirnaufbau: Ihr Kind wurde mit genug Gehirnzellen geboren, um sehr erfolgreich werden zu können. Es sind über 100 Millionen! Aber nutzbare Intelligenz hängt nicht von der Anzahl der Gehirnzellen ab, sondern von der Anzahl der Verbindungen zwischen diesen Zellen.

Diese Verbindungen werden durch Erfahrungen und Gedanken aufgebaut, die Sie Ihrem Kind in seinen ersten Jahren in einer stimulierenden Umgebung ermöglichen können.

Diese Umgebung besteht aus Spielen, Ausflügen, Unterhaltung, Aktivitäten und liebevoller Aufmerksamkeit. Die Abbildung macht es deutlich. „Kinder spielerisch fördern" hat einen direkten Einfluss auf die Gehirnkapazität Ihres Kindes.

UNSTIMULIERTES GEHIRN

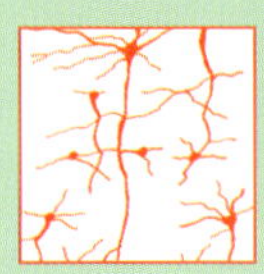

Wenige Wege zur Entwicklung von Gedanken.

STIMULIERTES GEHIRN

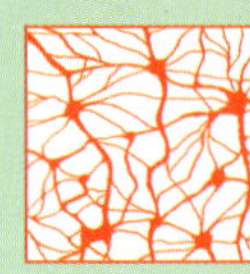

Ein dichtes Netzwerk von Wegen ermöglicht komplexes Denken.

Es muss immer Spaß machen!

Wir legen großen Wert darauf, dass Ihr Kind in einer reizvollen Umgebung das Gefühl bekommt etwas zu leisten, aber nicht von der Herausforderung überwältigt wird. Dieses empfindliche Gleichgewicht ist wirklich sehr wichtig. Überehrgeizige Eltern versagen oftmals, weil sie statt zu unterstützen und zu ermutigen, eine Treibhausatmosphäre und unnötigen Stress schaffen. Darum muss eine Regel unbedingt eingehalten werden: Hören Sie sofort auf, wenn Ihr Kind den Spaß verliert.

Ebenso wichtig ist die Erkenntnis, dass jedes Kind sein eigenes Tempo hat. Albert Einstein fing erst sehr spät an zu sprechen und versagte in den ersten Schuljahren in Mathematik. Dennoch wurde er zu einem unserer bedeutendsten Wissenschaftler.

Geben Sie Ihrem Kind die Möglichkeit, seinem eigenen Tempo zu folgen.

Ein Vorschullehrer darf keine Eile kennen. Deshalb können Sie dieses Buch auch überallhin mitnehmen und haben so immer Ideen zur Hand, wie Sie mit Ihrem Kind spielen und es gleichzeitig inspirieren können. Suchen Sie für jede Gelegenheit passende Spiele aus. Zwingen Sie Ihrem Kind nie ein Spiel auf, wenn es eigentlich keine Lust dazu hat. Jede Aktivität sollte sich ganz natürlich entwickeln.

Versuchen Sie, in jeden Tag verschiedene Arten von Spielen einzubauen, zum Beispiel ein Lesespiel, ein Musikspiel, dann eine Kreativitätsübung, dann ein Rechenspiel, ein Wortschatzspiel und zum Schluss eine Körperübung. Die Vielfalt ist wichtig. Die Kopiervorlagen im Anhang begleiten Sie dabei. Sie werden Ihnen helfen, Ihr Kind zu motivieren und seine Fähigkeiten im natürlichen Spiel aufzubauen.

Ein ausgewogenes Kind

Das Hauptanliegen von „Kinder spielerisch fördern“ ist die Kombination von Spaß und Lachen mit Spielen und anderen Aktivitäten, die allgemeine Fähigkeiten fördern.

Hat Ihr Kind die Veranlagung früh zu lesen? Ja, weil es Spaß macht. Wird es wirklich schon mit fünf oder sechs Jahren zählen, addieren, subtrahieren, dividieren und sogar multiplizieren können? Ja, aber es wird auch seine musikalischen, künstlerischen, sozialen und kreativen Fähigkeiten entwickeln, sowie die Liebe zum Lernen, Selbstachtung, Rücksichtnahme und Respekt vor der Natur. Alle Talente sind gleich wichtig. Das Ziel ist eine allumfassende Förderung. In diesen so wichtigen ersten Lebensjahren wird die Grundlage für eine ganze Reihe von Begabungen gelegt. Für uns Eltern ist es eine aufregende und durchaus fordernde Zeit, die ersten und wichtigsten Lehrer unserer Kinder zu sein. Dafür brauchen wir einen Plan.

Diese Aufgabe ist Verpflichtung genug die erforderliche Zeit und Liebe aufzubringen und Ihrem Kind dieses Programm anzubieten. Die wenigen Jahre, die Ihr Kind lieber mit Ihnen als mit Freunden verbringt, vergehen nur allzu schnell. Kosten Sie sie lieber aus. Darum werden die Spiele, die Sie heute miteinander spielen, nicht nur förderlich sein, sondern die Beziehung und gemeinsame liebevolle Erinnerungen aufbauen.

Machen Sie aus allem das Beste

Es geht nicht nur um die Spiele und Aktivitäten selbst, sondern es kommt vor allem auf deren Gestaltung an. Wenn Sie die folgenden zehn Regeln beachten, helfen Sie Ihrem Kind, ein rücksichtsvoller, selbstständig denkender Mensch zu werden.

1. Sorgen Sie für Erfolgserlebnisse

Das bedeutet nicht die Spiele zu einfach zu gestalten. Sie sollten die Anforderungen langsam steigern, aber Ihr Kind muss die Aufgaben möglichst alleine mit etwas Anstrengung und Nachdenken lösen können. Wenn es zum Beispiel in einem Gedächtnisspiel drei Dinge behalten kann, aber nicht vier, dann spielen Sie es so lange mit drei Dingen, bis das Kind für vier bereit ist. Wenn es unruhig oder nicht bei der Sache ist, ist es überfordert. Sie sollten aufhören oder den Schwierigkeitsgrad herabsetzen. Ihr Ziel ist es, mit Ermunterung weiterzukommen: „Du hast heute vier neue Wörter gelesen. Gut gemacht!“

Erfolgserlebnisse stärken das Selbstvertrauen und den Wunsch mehr zu versuchen und zu lernen. Versagen entmutigt. Wenn Sie ein Spiel spielen, für das Ihr Kind noch nicht bereit ist, dann verliert es die Lust am Lernen. Darum ist die „Treibhausatmosphäre“ so gefährlich.

2. Helfen Sie so wenig wie möglich

Wenn Sie nach dem Motto „Lass mich mal“ übernehmen, dann denkt Ihr Kind, dass es unfähig ist. Es soll sich aber auch nicht zu sehr anstrengen müssen, dann geht der Spaß verloren. Helfen Sie ihm, die Aufgabe schrittweise zu lösen. Lassen Sie es dann alleine weitermachen. Das stärkt sein Selbstvertrauen und seine Selbstständigkeit.

Auch ist es wichtig immer wieder zu betonen, dass zum Lernen auch Fehler gehören, wie etwa: „Wir lernen aus unseren Fehlern. Was lernen wir hier?“ oder: „Das hat nicht ganz geklappt. Überlegen wir mal, warum nicht.“ So lernt Ihr Kind, dass Fehler nicht das Ende der Welt bedeuten.

Bei Bedarf lassen Sie es sich selbst verbessern und helfen Sie ihm, seine Gedanken in eigene Worte zu fassen. Fragen Sie immer wieder: „Was meinst du?“ und wenn nötig: „Lass uns noch einmal darüber nachdenken.“

3. Zeigen und Erklären

Von zu vielen Erklärungen werden Kinder erdrückt und verwirrt, aber Zeigen ohne Erklärung geht auch nicht. Dann werden die Schritte leicht missverstanden. Zeigen und erklären Sie also gleichzeitig und lassen Sie Ihr Kind dann alleine ausprobieren. Es lernt am meisten, wenn Sie nicht den Lehrer spielen, sondern wenn Sie „mitlernen“ und es dabei lenken.

4. Geben Sie dem Kind Zeit, Aufgaben selbst zu lösen

Greifen Sie nicht zu schnell helfend ein. Geben Sie ihm genug Zeit eine Frage zu beantworten und ermuntern Sie es, gut nachzudenken.

5. Ermutigen statt Lobpreisen

Mit Lob wie „schlaues Mädchen“ oder „toller Junge“ erwecken Sie in Ihrem Kind den Wunsch, Ihnen zu gefallen anstatt sich selbst. Aber die im späteren Leben nötige Eigenmotivation kann es nur entwickeln, wenn es sich selbst eine Freude machen will. Also ermutigen Sie es mit Worten wie „Gut gemacht. Du hast es geschafft, weil du aufgepasst hat.“ oder „Dieses Mal war es besser, weil du es langsamer gemacht hast.“

6. Fördern Sie methodisches Denken

Denken Sie laut: „Ich frage mich, warum das so ist.“ Dann warten Sie auf die Erklärung des Kindes. Wenn Sie selbst antworten, lernt es, dass die Antworten in den Gedanken der Erwachsenen und Lehrer liegen statt in den eigenen. Es wird auf diese Antworten warten anstatt selbst zu denken. Wenn Sie es jedoch dazu bewegen methodisch nachzudenken und ihm nur helfen, die richtigen Wörter zu finden, kann es Selbstvertrauen entwickeln.

Helfen Sie Ihrem Kind sich Zeit zu lassen und seine Schritte zu planen
„Überlegen wir erstmal. Womit sollen wir anfangen? Meinst du, wir sollten vielleicht erst den Rand zusammensetzen? Was glaubst du?" oder „Wie wäre es, wenn wir mit den Ecken anfangen? Davon gibt es nur vier."
Kinder sind von Natur aus sehr impulsiv. Darum werden Sie immer wieder mit „Wir wollen erst nachdenken" klar machen müssen, dass es besser ist nach einem Plan vorzugehen.

Mit der richtigen Unterstützung können Vier- und Fünfjährige Aufgaben lösen, für die sich sonst nur Sieben- oder Achtjährige interessieren. Drei wichtige Schritte:

Helfen Sie Ihrem Kind das Wichtige zu erkennen
Wenn Sie gemeinsam ein Puzzle zusammensetzen, fragen Sie: „Schauen wir erst einmal. Was glaubst du, womit wir anfangen sollten?" Pause. „Was hältst du davon, wenn wir uns das Bild daneben legen? Lass uns alle Steine mit dem Bild nach oben drehen und die mit dem Himmel aussortieren. Das macht es einfacher."

Fördern Sie seine Konzentration
Kinder neigen zu überstürztem Vorgehen. Helfen Sie darum Ihrem Kind sich zu konzentrieren und der Aufgabe seine ganze Aufmerksamkeit zu schenken. „Wir müssen aufpassen, damit wir auch alles richtig machen. Welche Form suchen wir jetzt?"

7. Keine Belohnungen!

Dann gibt sich ein Kind ohne Bestechung bald keine Mühe mehr. Sie wollen es innerlich motivieren. Das Erfolgserlebnis nach einer gelösten Aufgabe ist Belohnung genug. Sagen Sie also: „Du bist jetzt bestimmt ganz stolz, dass du das kannst." anstatt „Ich bin stolz auf dich." Das Kind soll nicht Ihnen eine Freude machen, sondern sich selbst.

8. Lassen Sie sich von Ihrem Kind leiten

Sie können Spiele vorschlagen und Aktivitäten anbieten, aber lassen Sie Ihr Kind entscheiden, wozu es Lust hat.

9. Unterstützen Sie Neugier

Ermuntern Sie Ihr Kind sich alles anzusehen und nach dem Warum, Wie und Was zu fragen. Am besten machen Sie es ihm vor, indem Sie auch alles hinterfragen.

10. Vergleichen Sie Ihr Kind nie mit anderen

Kinder machen ihre Fortschritte unterschiedlich schnell und auf verschiedenen Gebieten. Bei Menschen, die sich mit anderen vergleichen, sind Enttäuschungen vorprogrammiert, denn es wird immer jemanden geben, der klüger, künstlerisch begabter oder attraktiver ist.

Wie die Aktivitäten zu nutzen sind

Das Beispiel unten auf dieser Seite zeigt, auf welche Art von Aktivitäten sich „Kinder spielerisch fördern" stützt. Unter **Was tun?** wird erklärt, worum es in dieser Aktivität geht und wie sie ausgeführt wird. **Wie dies Ihrem Kind beim Lernen hilft** erklärt, welche Fähigkeiten entwickelt werden. In den Kästen **Der besondere Tipp** sowie **Und noch etwas!** werden Hinweise und Ratschläge gegeben, wie Sie die entsprechenden Fähigkeiten noch weiter fördern können. Erarbeiten Sie die Aufgaben in aller Ruhe und genießen Sie sie dann zusammen mit Ihrem Kind. Sehen Sie die Aufgaben nicht als Erziehungsinstrument, sondern als Möglichkeit die Zeit mit Ihren Kind sinnvoll zu gestalten.

Weltreise

Was tun?

Lassen Sie Ihr Kind mit einem aufblasbaren Globus baden. Zeigen Sie ihm, wo es lebt, und fragen Sie, wohin es gerne reisen möchte. Oder bitten Sie es, die Augen zu schließen, während Sie den Globus drehen, und dann auf einen Punkt zu zeigen. Erzählen Sie ihm etwas über sein Reiseziel, wie „Das ist die Arktis. Da leben Eisbären und es ist eiskalt."

Wie dies Ihrem Kind beim Lernen hilft

Es lernt den Planeten Erde, andere Völker und andere Länder kennen. In nur wenigen Monaten erhält Ihr Kind ein Grundwissen in Geografie.

Der besondere Tipp

Sie brauchen nur grundlegende Fakten zu wissen: Der Pazifik ist der größte Ozean, China hat die meisten Einwohner usw.

Und noch etwas!

Wenn Ihr Kind sich für diese Übung begeistert, versuchen Sie, ihm Bücher über Geografie oder ein anderes Thema zu geben, das es interessiert.

Nur für Papa!

„Kinder spielerisch fördern“ ist für beide Elternteile bestimmt. Aber die folgenden Punkte sind besonders für Väter wichtig, die sich nach meiner Erfahrung als Pädagoge etwas schwer tun.

Spielen Sie nicht nur körperliche, sondern auch mentale Spiele

In den ersten zehn Schuljahren sind Mädchen den Jungen überlegen. Einer der Gründe dafür ist, dass Väter lieber mit Söhnen toben als mit Töchtern. So haben Mädchen mehr Gelegenheit, sich vorschulmäßig zu beschäftigen, d. h. Konzentration und Ausdauer zu üben, und das bereitet sie besser auf die Schule vor. Hören Sie nicht auf, mit allen Kindern zu toben, aber machen Sie auch Gedächtnis- und Denkspiele – und lesen Sie auch mit ihnen.

Reden Sie mit anderen Vätern

Vater sein ist der wichtigste Job Ihres Lebens. Reden Sie also mit anderen Vätern und holen Sie sich Rat. Sprechen Sie über Probleme und Ideen. Männer reden leider seltener über Probleme als Frauen. Ergreifen Sie die Initiative!

Sind Sie ein guter Zuhörer?

Zuhören ist eine Kunst. Genau wie Erwachsene sagen auch Kinder nicht immer, was sie meinen. Sie wissen oft nicht, wie sie über Sorgen, Zweifel und Gefühle reden können, oder sie zögern sich auszusprechen. Fühlen Sie sich ein. Sagen Sie: „Ich will versuchen zu verstehen, wie du dich fühlst.“ „Meinst du das auch so?“ „Wie kann ich dir helfen?“ Söhne und Töchter müssen gleichermaßen lernen, ihre Ängste und Gefühle offen auszusprechen.

Zeigen Sie dem Kind, dass es das Wichtigste in Ihrem Leben ist

Bringen Sie Ihre beruflichen Sorgen nicht mit nach Hause. Wenn Sie durch die Haustür kommen, gehören Sie Ihrem Kind. Seine Entwicklung kostet viel Zeit und Sie kommen nicht umhin, anderes dafür zurückzustecken. Ihr Kind braucht Sie zum Spielen, als Führer und Halt, Ihre ungeteilte Liebe, Ihr Lachen und Ihre Aufmerksamkeit. Bei Zeitmangel holen Sie sich Rat von Fachleuten: „Für ein Kind ist täglich eine beantwortete Frage und eine kurze Zeit voller Aufmerksamkeit viel wichtiger als viele Stunden ohne.“

Liebe und Sicherheit

Lieben ist ein aktives Verb

Sagen Sie Ihrem Kind nicht nur jeden Tag, dass Sie es lieben, zeigen Sie es auch. So lernt es, selbst Liebe zu zeigen, und kann im späteren Leben Menschen, die es liebt, Aufmerksamkeit schenken und rücksichtsvoll mit ihnen umgehen.

Schreiben sie ab und zu Zettel mit „Ich hab dich lieb“

Schreiben Sie kleine Mitteilungen und überraschen Sie Ihr Kind damit. Verstecken Sie sie in einer Tasche, unter einem Kissen usw. Ermutigen Sie es, auch welche zu schreiben. Wenn es sie nicht lesen kann, lesen Sie vor – Ihr Kind wird sofort lesen lernen wollen.

Kinder brauchen körperliche Sicherheit

Das bedeutet Körperkontakt beim Kuscheln. Zeigen Sie ihm, dass es auch Ihnen selbst nach einer Umarmung besser geht.

Schicken Sie Ihrem Kind eine Kleinigkeit

Etwa einmal im Monat per Post einen Buntstift, ein Malbuch oder Anstecker. Kinder sind begeistert, wenn ihr Name auf einem Brief steht.

Wenn Sie wegfahren müssen, versuchen Sie dies:

Hinterlassen Sie im Kinderzimmer ein Foto von sich mit der Nachricht „Ich hab dich lieb“ oder ein kleines Geschenk, das es am ersten Morgen bekommt, oder für jeden Tag einen Umschlag mit einer Überraschung. Bringen Sie immer etwas mit. Eine kleine Shampooflasche oder ein Kugelschreiber aus dem Hotel oder Flugzeug kann ein tolles Geschenk sein.

Lassen Sie Ihr Kind Fotos für das Familienalbum aussuchen

Aus den übrigen kann es dann auch ein eigenes Fotoalbum machen.

Dem Kind gebürt Ihre ganze Aufmerksamkeit

Wenn Sie mit ihm spielen, machen Sie sich frei von Arbeit und Haushalt und konzentrieren Sie sich ganz auf das Kind. Es soll merken, dass seine Worte und Gefühle wichtig sind.

Halten Sie besondere Gelegenheiten fest

Zum Beispiel den Tag, an dem Ihr Kind zum ersten Mal alleine Fahrrad gefahren ist oder einen Erfolg beim Schreiben, Lesen oder Malen. Halten Sie diese Ereignisse in seinem „Buch über mich“ fest. Versuchen Sie, aus Ausflügen und Besuchen etwas Besonderes zu machen – und dies ebenfalls in dem Buch zu notieren. So haben Sie viele Erinnerungen und Gesprächsstoff.

„Danke“-Karten

Wenn Ihr Kind Ihnen bei irgendetwas geholfen hat, schreiben Sie ein kleines Dankeschön auf einfache neutrale Karten, zum Beispiel „Danke, dass du für mich auf Katrin aufgepasst hast. Du hast mir sehr geholfen.“ Jeder dieser Anlässe mag gering sein, aber Ihr Dank hilft Ihrem Kind, etwas Wichtiges zu lernen: Liebe muss durch Taten genährt werden, sie muss gezeigt werden – ebenso sehr wie sie gefühlt werden muss.

Die sieben Intelligenzen

Die Gehirnforschung hat den Mythus einer angeborenen Intelligenz mittlerweile zerschlagen. Wir werden nicht mit einem bestimmten Intelligenzquotienten geboren. Jeder Mensch kann sieben Intelligenzen entwickeln. Das sind:

- *Sprachliche Intelligenz* – Die Fähigkeit gut zu lesen, zu sprechen und zu schreiben war z. B. bei Goethe, Schiller oder Shakespeare stark entwickelt.

- *Mathematisch-logische Intelligenz* – Die Fähigkeit zu rechnen und logisch zu denken ist bei Betriebswirten, Rechtsanwälten, Wissenschaftlern, Ingenieuren usw. stark entwickelt.

- *Visuell-räumliche Intelligenz* – Die Fähigkeit zu malen, sich Bilder vorzustellen, zu modellieren und sich dreidimensionale Räume vorzustellen war bei Seeleuten und Künstlern wie Picasso und Michelangelo stark entwickelt.

- *Musikalische Intelligenz* – Die Fähigkeit zu komponieren, zu singen oder zu musizieren erschafft Poesie und Lieder.

- *Interpersonale (oder soziale) Intelligenz* – Die Fähigkeit auf andere einzugehen ist bei Verkäufern, Lehrern und Führungspersönlichkeiten stark ausgeprägt.

- *Intrapersonale (oder introspektive) Intelligenz* – Die Fähigkeit sich auf Gefühle zu konzentrieren, aus Erfahrungen zu lernen und zu planen.

- *Körperlich-physische Intelligenz* – Die Fähigkeit von Turnern, Tänzern usw. ihren Körper einzusetzen.

Prof. Howard Gardner von der Universität Harvard hat noch eine achte Intelligenz hinzugefügt:

- *Natürliche Intelligenz* – Die Fähigkeit der Nähe zur Natur.

Die fünf Sinne

„Man lernt etwas schnell und effektiv, wenn man es sehen, hören und fühlen kann."

Tony Stockwell Accelerated Learning in Theory and Practice

Die fünf Sinne ausbilden

Sein ganzes Leben lang nimmt Ihr Kind Informationen mit seinen fünf Sinnen auf, genau wie Sie über die fünf Hauptwege ins Gehirn. Es lernt durch Sehen, Hören, Berühren, Schmecken und Riechen. Je mehr Sie ihm helfen, diese fünf Sinne zu entwickeln, desto besser werden diese Wege (auf die es beim zukünftigen Lernen angewiesen ist) ausgebaut. Von den ersten Lebenstagen an entwickelt ein Kind die Teile des Gehirns, die es zum Sehen, Riechen und Hören braucht. Erst wenn nach und nach andere Gehirnwege ausgebaut werden, lernt es zu reden, singen, zeichnen, lesen, schreiben, zu denken und zu erschaffen. In den ersten acht und besonders den ersten vier Lebensjahren ist der Geist des Kindes besonders aufnahmefähig. Es saugt Erfahrungen geradezu auf. Nutzen Sie das und liefern Sie ihm so viele Sinneseindrücke wie möglich. Als Baby sollte es zum Beispiel so viel wie möglich krabbeln. Experten halten diese Bewegungen, bei denen das Kind alle vier Gliedmaßen über Kreuz nutzt, für äußerst wichtig, da sie die Verbindung der beiden Gehirnhälften miteinander stärken und ausbauen.

Gesunder Körper, gesunder Geist

Verschiedene Teile des Gehirns kontrollieren verschiedene Teile des Körpers. Je mehr Bewegungen und Berührungen ein Kind in den ersten Jahren erfährt, desto besser ist die Grundlage für eine spätere allumfassende Ausbildung, da diese sinnlichen Erfahrungen bei Milliarden von aktiven Gehirnzellen neue Verzweigungen ausbilden.

Jerome Hartigan, ein Experte für Sporterziehung, sagt: „Wenn Kinder lernen körperliche Übungen zu mögen, wird Sport später auch ihre geistigen Lernfähigkeiten steigern können. Ohne motorisches Lernen kann sich ein Gehirn nicht entwickeln."

Hartigan behauptet, dass bestimme Bewegungen das Gehirn „verdrahten", dass also bestimmte Geh-, Lauf- und Klatschübungen zur Zählfähigkeit führen, der Grundlage des Rechnens. Durch das Einhalten von mehreren Bewegungsabläufen lernt das Kind auch, Muster auf Papier zu bringen, die wiederum die Voraussetzung zum Schreiben sind usw.

Bei den Kopiervorlagen hinten im Buch finden Sie viele anregende Ideen. Folgen Sie einfach Ihrem gesunden Menschenverstand, wenn Sie sich mit Ihrem Kind bewegen. Halten Sie es in den Armen, tanzen Sie zu Musik, drehen Sie es kopfüber, rollen Sie es auf die Seite und drehen Sie es in beide Richtungen. Hartigan empfiehlt Übungen, in denen ein Kind nach etwas greifen und sich strecken muss, wie etwa bei Klettergerüsten oder Kletterstangen. Lernen Sie viele rhythmische Lieder zu singen, zu denen man marschieren, springen und hopsen kann. „Kinder sollten Dinge kombinieren, an die sie sich erinnern können", sagt Hartigan. „Suchen Sie drei Objekte aus und sagen Sie ‚Kannst du um den Baum laufen, über den Stein springen und unter den Tisch kriechen?'" So wird das Gedächtnis trainiert, während das Kind gesunde Turnübungen macht und dabei außerdem noch viel Spaß hat.

Durch Bewegung in die oberen 10 %

Dr. Lyelle Palmer ist Professor für Früherziehung an der Universität von Winona in Minnesota, USA. In seine Untersuchungsreihe mit Fünfjährigen gehörte das tägliche Turnen im Rahmen der Vorschulerziehung. Die Kinder machten einfache Übungen wie Drehen, Seilhüpfen, Klettern, Purzelbäume und Balancieren auf dem Schwebebalken.

Auf dem Spielplatz turnten sie an niedrigen Kletterstangen, kletterten, liefen Rollschuh und schlugen Salto. Im Klassenraum hatten sie Spiele zur Verfügung, die ihr Sehen, Hören und ihren Tastsinn stimulierten. Nach jedem Jahr absolvierten sie den amerikanischen Einschulungstest, um zu sehen, ob sie unter die besten 10 % der Kinder kamen. Fast alle Kinder bestanden den Test, die meisten schafften sogar die besten 5 %. Fast alle kamen aus minderbegüterten Familien. Dr. Palmer, auch ehemaliger Präsident der „International Alliance for Learning“, betont, dass die Kinder nicht nur normale motorische Bewegungen wie Gehen, Laufen und Hüpfen ausführten. „Die von uns empfohlenen Aktivitäten sind speziell zur Aktivierung derjenigen Bereiche des Gehirns entwickelt worden, von denen wir wissen, dass sie die Sinne Sehen, Hören und Tasten fördern – und die Fähigkeit, Wissen aufzunehmen.“ Viele dieser Übungen haben wir in „Kinder spielerisch fördern“ aufgenommen.

Von Dr. Palmer empfohlene Übungen

Folgende Übungsreihen sollten regelmäßig ausgeführt werden:

• Rolle seitwärts • Ballfangen • Rolle vorwärts • im Kreis drehen • kopfüber baumeln

Auch betont er, dass die langsamen, kontrollierten Bewegungen des Tai Chi sehr dazu beitragen, Körperkontrolle zu entwickeln.

Er warnt nachdrücklich: „Wir nähern uns einer Gesundheits- und Fitnesskrise, in der sich sogar kleine Kinder einen eher sitzenden Lebensstil aneignen.“

Propellerkreisen

Was tun?

Ihr Kind stellt sich mit ausgestreckten Armen hin und dreht sich 15 Sekunden lang so schnell wie möglich um sich selbst. Dann sagen Sie „Halt! Mach die Augen zu, halte dein Gleichgewicht und bleib stehen." Lassen Sie es 25 Sekunden lang stehen, bis ihm nicht mehr schwindelig ist. Wiederholen Sie die Übung jeden Tag fünf Mal, die Drehung soll immer in dieselbe Richtung erfolgen.

Wie dies Ihrem Kind beim Lernen hilft

Das Drehen versetzt die Flüssigkeit im Innenohr in sehr schnelle Bewegung, wodurch in dem Gehirnbereich, der den Gleichgewichtssinn und das „Muskelgedächtnis" entwickelt, neue aktive Zellen wachsen, die zum Schreiben und Lesen gebraucht werden. Drehen, Purzeln und Übungen auf dem Klettergerüst stimulieren den Vestibularapparat, der das Gleichgewicht kontrolliert.

Der besondere Tipp
Wenn die Drehung Ihrem Kind schwer fällt, stellen Sie sich daneben, ergreifen Sie eine seiner Hände und ziehen Sie es in die Kreisbewegung hinein.

Und noch etwas!
Turnübungen dieser Art haben Kindern in den USA geholfen, zu den besten 5 % beim Lesen und Schreiben zu gehören.

Körperteile

Was tun?

Zeichnen Sie die Körperteile Ihres Kindes auf große Pappkarten und schneiden Sie sie aus: Unterarme, Hände, Finger usw. Nähen oder klammern Sie das „Skelett" zusammen. Dann schreiben Sie die Namen der Körperteile darauf: Zeigefinger, Achillessehne usw.

Nun machen Sie mit Ihrem Kind aus, dass Sie es fragen werden, ob es etwas möchte (wie etwa Käse). Für „Ja" muss es mit dem großen Zeh wackeln und für „Nein" sein Ohrläppchen anfassen. Nehmen Sie bei jedem Spiel andere Körperteile. So lernt es schnell alle Wörter, die mit den Körperteilen zu tun haben.

Wie dies Ihrem Kind beim Lernen hilft

Das ist physische Intelligenz vom Feinsten: Der eigene Körper ist Ausgangspunkt zum wissenschaftlichen Erforschen.

Der besondere Tipp
Am besten beschriften Sie immer nur denjenigen Körperteil, den Ihr Kind sich aussucht.

Und noch etwas!
Sie können das „Körperteilspiel" auch verändern und zum Beispiel fragen: „Wer berührt als Erster die rechte Achillessehne?"

Geschmack erforschen

Was tun?

Verbinden Sie Ihrem Kind die Augen. Geben Sie etwas Zucker auf einen Löffel, etwas Salz auf einen anderen, Zitronensaft auf einen dritten und Essig auf einen vierten. Führen Sie den Finger des Kindes, lassen Sie es die Stoffe erfühlen, dann den Finger in den Mund stecken und raten, was es ist und auf welchem Teil der Zunge es zu schmecken ist.

(Süßes schmeckt man vorne, Salziges vorne seitlich und Saures hinten seitlich auf der Zunge.)

Wie dies Ihrem Kind beim Lernen hilft

Je mehr Geschmäcke früh unterschieden werden können, desto besser wird ein Kind später verschiedene Aromen schätzen und unterscheiden.

Der besondere Tipp

Sprechen Sie über Geschmäcke – über knusprige Nüsse oder cremigen Jogurt mit süßen, saftigen Erdbeeren.

Und noch etwas!

Geschmack und Geruch hängen eng zusammen. Lassen Sie Ihr Kind riechen und schmecken und den Unterschied feststellen.

Lernen mit hüpfendem Ball

Was tun?

Dieses Spiel kombiniert körperliche Bewegung mit dem Lernen des Alphabets, Buchstabieren, Addieren usw. Sie brauchen einen Ball.

Denken Sie z. B. an einen Namen mit A und an eine Ware, die mit A beginnt:

A. Ich heiße Anna. Ich verkaufe Aale.

B. Ich heiße Bert. Ich verkaufe Bücher.

C. Ich heiße Chris. Ich verkaufe Cannelloni.

D. Ich heiße David. Ich verkaufe Dosen.

Während des Sprechens ticken Sie den Ball auf.

Wie dies Ihrem Kind beim Lernen hilft

Dies ist eine große Hilfe für Kinder, die sich gern bewegen. Sie lernen Bewegungen zu koordinieren und trainieren das Gedächtnis.

Der besondere Tipp

Ticken Sie auch beim Zahlenlernen den Ball rhythmisch auf. 1 und 1 ist 2 (2-mal aufticken), 2 und 1 ist 3 (3-mal aufticken) usw.

Und noch etwas!

Später können Sie das Einmaleins singen und den Ball rhythmisch springen lassen. Die körperliche Bewegung hilft beim Auswendiglernen.

Stimulierendes Spielzeug

Besonders geeignet sind:

- Quadratische, rechteckige, halbrunde, rhombische, gebogene und säulenförmige Holzbausteine.
- Einfache Musikinstrumente wie ein kleines Xylofon, Glockenspiel, Tamburin, eine Triangel usw.
- Ein Vergrößerungsglas und eine Taschenlampe.
- Ein Nagelbrett, auf dem man mit einem Gummiband geometrische Muster spannen kann.
- Lastwagen und Spielsachen zum Auseinanderbauen.
- Ein Spielhaus (es kann auch aus Kartons sein).
- Eine Kiste mit alten Verpackungen wie Jogurtbechern, Kartons, Schachteln, Plastikbehältern, Papprollen, Bändern usw.
- Ein großer Magnet zum Experimentieren.
- Eine Küche in Kindergröße mit Putzutensilien: Besen, Mopp, Kehrschippe, Handfeger, Staubtuch, Eimer usw.
- Eine kleine Gießkanne, eine Tischdecke, ein Schwamm, kleine Plastikeimer usw.

sind ihr Geld mehr wert als manch anderes sündhaft teures Spielzeug.

Besuche und Ausflüge

Ausflüge üben Reize auf alle Sinne aus, erweitern den Wortschatz und Ihr Kind lernt, wie die Welt funktioniert. Nicht nur Zoos, Museen, Parks und Flüsse haben erzieherischen Wert, sondern auch:

- Flug- oder Fährhafen
- Antiquitätengeschäft
- Wochenmarkt, Bau- und Gartenmärkte oder Briefverteilzentrum der Post
- Flohmarkt
- Kirchturm
- Bauernhöfe oder Landwirtschaftsausstellungen
- Schrottplatz oder Recyclingsammelstelle
- Autowerkstatt
- die eigene Kirche und die anderer Religionen
- Lokalzeitung
- Wasserwerk
- Kläranlage
- Bäckerei
- Fabrik
- Pferdestall
- Polizeistation
- Feuerwehr
- Kunstgalerie
- Radio- oder Fernsehsender
- Historische Dörfer
- Zirkus und Kirmes
- Karnevalsumzug
- Schusterwerkstatt
- Hundeschule
- Einkaufszentrum
- Schwimmbad
- Minigolfplatz
- Bootfahren

Der besondere Tipp

In Geschäften gibt es viel zu lernen, z. B. viele verschiedene Berufe. Reden Sie darüber, welche Fähigkeiten man für welchen Beruf braucht.

Und noch etwas!

Einige Lebensmittelhersteller geben interessante Broschüren heraus. Manche Unternehmen kann man besichtigen.

Bohnensäckchen

Was tun?

Füllen Sie für jedes Familienmitglied ein Säckchen mit einer halben Tasse getrockneten Bohnen. Verschließen Sie das Säckchen und ziehen Sie eine Socke darüber. Schneiden Sie die überflüssigen Teile von der Socke ab.

In einem ersten Spiel werfen Sie Ihr Säckchen etwa 2 m weit weg auf den Boden. Ihre Kinder müssen ihre Säckchen so nah wie möglich an das Ihre heranwerfen. Der nächste gewinnt.

Wie dies Ihrem Kind beim Lernen hilft

Sehr gut für die Auge-Hand-Koordination.

Der besondere Tipp

Bohnensäckchen sind oft geeigneter als Bälle. Versuchen Sie einen Hindernislauf mit Säckchen auf dem Kopf.

Und noch etwas!

Sie können auch einen Kreis auf den Boden malen und feststellen, wer sein Säckchen hineinwerfen oder genau die Linie treffen kann.

Balancieren

Was tun?

Lassen Sie Ihr Kind alle möglichen Dinge von einem Teil des Hauses in einen anderen oder in den Garten balancieren: eine Feder auf einer Hand oder ein Buch oder einen Stapel Spielkarten.

Ihr Kind kann auch abwechselnd schneller und langsamer ein Buch auf dem Kopf balancieren oder auf dem Rücken liegen und alles Mögliche auf den Füßen balancieren.

Wie dies Ihrem Kind beim Lernen hilft

Diese Übung ist gut für die Körperhaltung und das Gleichgewicht geeignet. Zudem stärkt sie das „Muskelgedächtnis“ in dem Teil des Gehirns, der für das Gleichgewicht zuständig ist.

Der besondere Tipp

Draußen kann Ihr Kind lange dünne Gegenstände wie etwa einen Besenstiel balancieren. Aber machen Sie es vorher auf die Gefahren aufmerksam.

Und noch etwas!

Auch Jonglieren unterstützt die körperliche Koordinationen. Fangen Sie mit zwei weichen Bällen an.

Großer Wortschatz

„Sprache ist das mächtigste Werkzeug der menschlichen Entwicklung."
Maria Montessori

Ein großer aktiver Wortschatz

Wörter regen zum Denken an, ermöglichen Ideen und Begründungen. Mit einem kleinen Wortschatz kann man nicht logisch denken. Mit einem großen Wortschatz hingegen kann man auf hohem Niveau kommunizieren, argumentieren und schöpferisch tätig sein – Fähigkeiten, die im späteren Leben sehr geschätzt werden. Es fängt mit der Liebe zu den Wörtern an. Die deutsche Sprache hat zwar etwa 400.000 Wörter, aber die meisten von uns verstehen nur 60.000 und benutzen nur 3.000. Kinderbücher kommen mit 400 aus. Die Aktivitäten und Spiele in diesem Buch werden Ihnen helfen, den passiven und aktiven Wortschatz Ihres Kindes zu erweitern.

Auch wenn wir nur etwa 3.000 Wörter benutzen, so werden aus ihnen schnell ein paar Tausend mehr durch Vorsilben wie un- oder miss- und Endungen wie -voll, -heit, -keit usw.
Wenn Ihr Kind erst einmal die Bedeutung dieser Vorsilben und Endungen verstanden hat, wird es schnell in der Lage sein, viele Geheimnisse des deutschen Wortschatzes zu enthüllen.

Sprechen Sie ständig mit Ihrem Kind!

Wenn Ihr Kind die Grundlagen der Sprache bereits beherrscht, bevor es in die Schule geht, dann ist das ein fantastischer Erfolg. Das ist zu erreichen, wenn Sie den Umgang mit Sprache sinnvoll gestalten. Sprechen Sie viel mit Ihrem Kind und nehmen Sie sich die Zeit, ihm Kinderreime aufzusagen. Vor allem aber erzählen Sie ihm was passiert, wenn etwas passiert. Das Gehirn speichert Ideen in gebündelter Form.

„... flauschige, graue Katze“

„Schau, ein schöner, großer schwarzer Hund!“

„Das kommt aus Italien.“

„Erdbeer- oder Vanilleeis?“

„Es regnet!“

„Die Katze fängt Mäuse.“

„Das ist eine Osterglocke, sie ist gelb.“

Wenn Sie also etwas sehen – sei es ein Hund oder eine Blume –, erzählen Sie Ihrem Kind davon. Je mehr Vorstellungen Sie miteinander verbinden, desto mehr wird es lernen. Später können Sie sich mit ihm darüber unterhalten, was es gesehen hat.

Lesen Sie Ihrem Kind jeden Tag vor

Kinderbücher haben eine lebhafte Sprache, aber auch klassische Literatur kann kleine Kinder schon interessieren. Aber zwingen Sie es zu nichts. Ihr Kind bestimmt, was es hören will.

Erzählen Sie, was Sie tun

„Ich koche jetzt unser Mittagessen. Willst du mir helfen? Die Kartoffeln müssen geschält werden. Und hier sind die Möhren.“ Reden Sie auch über Farbe und Beschaffenheit. Später können Sie Ihr Kind bitten, Ihnen die Kartoffeln oder Möhren zu geben.

Auch beim Anziehen ist Reden wichtig: „Das ist dein rechtes Bein und das ist dein linkes Bein. Welches ist das linke Bein? Und welches ist das rechte Bein?“

Positive Unterstützung

Wenn Ihr Kind sagt „Ich gehte zu Oma“, dann sagen Sie ihm nicht, dass das falsch ist. Versuchen Sie es mit: „Ja, gestern gingst du zu Oma und ich ging auch zu ihr. Morgen werden wir beide wieder zu ihr gehen.“ Kinderverse sind leicht zu behalten. Reime und Rhythmus dieser alten Geschichten helfen Kindern bei der Erweiterung ihres Wortschatzes.

Spielen Sie Wortspiele

Wenn Sie zusammen im Auto unterwegs sind, können Sie verschiedene Wortspiele miteinander spielen und verrückte

Geschichten erzählen. Gute Spiele sind *Teekesselchen, Koffer packen* oder *Die Katze meiner Oma frisst …*

Geschichten erfinden

Eine der besten Aktivitäten ist das regelmäßige Erfinden von Geschichten. Sie fangen mit einem Satz an, dann fügen Sie und Ihr Kind abwechselnd einen Satz hinzu. Sie können auch Ihre besten Geschichten aufschreiben und sie dann wieder vorlesen.

Natürliche Beherrschung der Sprache

Wenn Sie Ihr Kind fragen, was gestern oder vorgestern passiert ist, entwickelt es ein Gefühl für die Vergangenheit. Bitten Sie es, zu erzählen, was in einem Buch oder Film passierte. Mit Fotos oder Andenken können Sie seine Erinnerung an vergangene Ausflüge wecken. Erweitern Sie seine Erzählung mit mehr beschreibenden Worten. Wenn Sie es fragen, was wohl passieren wird, wenn Papa nach Hause oder Oma zu Besuch kommt, helfen Sie ihm, zu spekulieren und mit Wörtern wie „vielleicht“ oder „wahrscheinlich“ in der Zukunft zu sprechen. Eine Fremdsprache lässt sich am besten in der Vorschule oder im Alter von 4 oder 5 Jahren lernen, weil Kinder fremde Laute dann leichter aufnehmen. CDs mit Liedern und Versen in der Fremdsprache helfen Ihrem Kind, sich an Klang und Rhythmus zu gewöhnen und es hat mehr Spaß beim Lernen.

Suchen Sie Gelegenheiten für neue Wörter

Lassen Sie es wie selbstverständlich klingen, wenn Sie neue Wörter wiederholen und unterschiedlich benutzen. Das stärkt das Gedächtnis Ihres Kindes.

Gemeinsames Kochen ist eine gute Gelegenheit, neue Wörter und Ideen einzuführen.

Farbspiele

Was tun?

Auf Spaziergängen können Sie z. B. abwechselnd nach etwas Blauem Ausschau halten. Nehmen Sie zuerst die Grundfarben Rot, Gelb, Grün und Blau.

Im Haus bitten Sie Ihr Kind, alles anzufassen was blau (oder weich, hart, aus Holz) ist. Wie viele gelbe Lebensmittel fallen ihm ein? Wie viele Dinge im Haus sind weiß?
Später erklären Sie Ihrem Kind die Farben Marineblau, Khaki, Smaragdgrün, Gold oder Kirschrot. Erklären Sie, woher einige der Namen kommen – von Früchten, Edelsteinen oder Metallen.

Wie dies Ihrem Kind beim Lernen hilft

Farbkenntnisse unterstützen Unterscheidungsvermögen und erweitern den Wortschatz (es gibt tausende Farbschattierungen).

Der besondere Tipp

Beschreiben Sie Farben mit Wörtern aus einem anderen Sinnesbereich – Schokolade, Zitrone, Lavendel, Pfirsich.

Und noch etwas!

Bei älteren Kindern können Sie das Spiel mit Größen erweitern: „Wer sieht als Erster etwas, das grün und größer als das Blatt ist?“

Weltreisender

Was tun?

Lassen Sie Ihr Kind mit einem aufblasbaren Globus baden. Zeigen Sie ihm, wo es lebt und fragen Sie, wohin es gerne reisen möchte. Oder bitten Sie es, die Augen zu schließen, während Sie den Globus drehen, und auf einen Punkt zu zeigen. Erzählen Sie ihm etwas über sein Reiseziel, etwa „Das ist die Arktis. Da leben Eisbären und es ist eiskalt.“

Wie dies Ihrem Kind beim Lernen hilft

Bei dieser Aktivität lernt es den Planeten Erde, andere Völker und andere Länder kennen. In nur wenigen Monaten bekommt es ein Grundwissen in Geografie.

Der besondere Tipp

Sie brauchen nur wenige Fakten zu nennen – der Pazifik ist der größte Ozean, China hat die meisten Einwohner usw.

Und noch etwas!

Wenn sich Ihr Kind für diese Übung begeistert, geben Sie ihm Bücher über Geografie oder ein anderes Thema, das es interessiert.

Die Katze meiner Oma

Was tun?

Die ganze Familie spielt mit. Jeder kommt der Reihe nach dran: „Die Katze meiner Oma frisst (oder mag) Bussarde.“ Die anderen müssen ein anderes Ding nennen, das mit dem Buchstaben B anfängt.

Man kann dieses Spiel auch mit Adjektiven spielen: „Die Katze meiner Oma ist glücklich.“ Die anderen müssen sich Adjektive wie groß, gierig, grantig usw. ausdenken. Sie können auch mit zwei Wörtern spielen: „Die Katze meiner Oma mag warme Würste.“

Wie es Ihrem Kind beim Lernen hilft

Mit viel Spaß wird Wortbeherrschung geübt.

Der besondere Tipp

Dieses Spiel eignet sich für Autofahrten oder Feste. Schlagen Sie abwechselnd die ersten Begriffe vor.

Spiele mit zwei Wörtern

Kinder lieben lautmalende Wörter, die wie ihre Bedeutung klingen, sog. Onomatopoetika.

bimmeln	mampfen	quietschen
brabbeln	miauen	quieken
brummen	muhen	rasseln
kichern	pappen	schnattern
klappern	plappern	schnaufen
klimpern	plumpsen	schnurren
knacken	prasseln	summen
knallen	quaken	tröten
knurren	quäken	zischen

Und noch etwas!

Um das Gedächtnis zu trainieren, lässt man die genannten Wörter wiederholen: „flauschige, fantastische, freundliche ...“

Wie viele kennst du beim Namen?

Das geht so

Namensspiele machen stundenlang Spaß – und fördern das Denken. Nennen Sie einfach eine Kategorie und fordern Sie die Familienmitglieder auf, so viele Begriffe wie möglich zu nennen:

- Getränke
- Beförderungsmittel
- Sportarten
- Tiere, die brummen
- Tiere im Zoo
- Möbelstücke
- Früchte
- Dinge, die schwimmen
- Gemüse
- Tiere auf dem Bauernhof
- Dinosaurier
- Länder
- Küchengeräte
- Frühstück
- Metallsorten
- Dinge aus Holz
- Dinge, die fliegen
- Musikinstrumente
- usw.

Wie dies Ihrem Kind beim Lernen hilft

Es trainiert das Gedächtnis und hilft Ihrem Kind, in Kategorien zu denken.

Der besondere Tipp

Denken Sie sich noch weitere Kategorien aus, wenn Ihr Kind dieses Spiel mag.

Simon sagt

Das geht so

Erklären Sie die Regeln dieses beliebten alten Spiels. Nur wenn Sie eine Tätigkeit mit „Simon sagt" einleiten, muss sie nachgemacht werden. Wenn Sie etwas ohne „Simon sagt" vorschlagen, darf sich keiner bewegen.

„Simon sagt, **leg die Hand auf den Kopf.**" – dann muss das Kind es tun.

Bei „**Nimm die Hand runter.**" muss es sie lassen, wo sie ist.

Wie dies Ihrem Kind beim Lernen hilft

Ihr Kind muss nicht nur aufpassen, sondern auch seine Fantasie spielen lassen, wenn Sie etwa sagen: „Simon sagt, tu so, als ob du auf heißem Sand läufst." oder „... sei traurig" oder ... Sie können auch nach Geräuschen statt nach Aktionen fragen!

Der besondere Tipp

„Alle Vögel fliegen hoch" ist ähnlich, wobei alle die Arme hochheben, wenn das Aufgerufene fliegen kann, und unten lassen, wenn nicht.

Und noch etwas!

Bitten Sie Ihr Kind, in einer bestimmten Position zu erstarren, langsam wieder „aufzutauen", um in einer anderen Stellung wieder zu erstarren.

Berufe anderer Leute

Was tun?

Lassen Sie sich von Ihrem Kind helfen, den Müll nach draußen zu bringen. Wenn die Müllmänner kommen, erklären Sie, was passiert und fragen, wer sie wohl bezahlt. Woher kommt das Geld, mit dem die Leute im Laden einkaufen? Woher kommen die Waren im Geschäft?

Reden Sie darüber, was passiert, wenn wir einen Brief in den Briefkasten werfen.

Ihrem Kind wird bewusst, dass Dinge nicht einfach passieren, sondern geplant werden.

Wie dies Ihrem Kind beim Lernen hilft

Es erweitert den Wortschatz und zeigt, dass unsere Gesellschaft auf Zusammenarbeit angewiesen ist.

Der besondere Tipp

Suchen Sie überall nach Berufen, über die Sie reden können – Busfahrer, Bibliothekar, Bankangestellter, Polizist, Verkäufer.

Und noch etwas!

Wie kommt das Benzin in die Zapfsäule, die Milch in das Geschäft, Geld in den Automaten? Sorgen Sie dafür, dass Ihr Kind hinterfragt.

Reimwörter

Was tun?

Fangen Sie mit einem Wort an. Der nächste Spieler muss ein Wort sagen, das sich reimt, z. B.:

fragen/sagen/tagen/tragen/klagen/
ragen/nagen/wagen/plagen/jagen

Richten Sie eine Liste mit Wörtern ein, die sich reimen, und versuchen Sie, sich gegenseitig zu übertreffen. Gegenüber finden Sie weitere Anregungen.

Reimen Sie Sätze: „Ich sah ein Paar mit rotem Haar." oder: „Ich sah einen Hund, der war bunt."

Der besondere Tipp

Wenn Ihr Kind stecken bleibt nach „Mutter, Butter, Kutter" helfen Sie ihm. Fragen Sie: „Was gibst du den Tieren zu fressen?" „Ach ja! Futter."

Wie dies Ihrem Kind beim Lernen hilft

Ein hervorragendes Spiel zur Entwicklung von phonetischen Fähigkeiten.

Weitere Reimwörter:

Hut/Wut/Mut/gut/... Fleck/Dreck/keck/...
Tat/Rad/Bad/... kochen/pochen/kochen/...
Reise/Weise/Waise/... Mauer/Bauer/Dauer/...

Auch Doppelreime machen Spaß:

Ein Schwein trinkt Wein, ein Krieger im Flieger, flotte Lotte, ein Bauer auf der Mauer ...

Reime mit Farben

Versuchen Sie Farben mit Dingen zu reimen: Ein blauer Bauer, eine grüne Bühne, eine rote Pfote, ein brauner Gauner usw. Wenn man erst einmal die „ungereimte" Welt hinter sich lässt, fällt das Reimen leichter.

Ich sehe was, was du nicht siehst

Was tun?

Dieses beliebte Spiel kann je nach Können des Kindes schwieriger oder einfacher gestaltet werden. „Ich sehe was, was du nicht siehst, und das fängt mit B an." Sie können aber auch sagen:

- welche Farbe es hat
- woraus es gemacht ist – z. B. aus Holz, Plastik, Metall
- welche Form es hat – z. B. rund, oval, quadratisch
- welchen Zweck es erfüllt – z. B. Essen, Anziehen
- womit es sich reimt – z. B. Fisch für Tisch

Wie dies Ihrem Kind beim Lernen hilft

Bei diesem Spiel kann Ihr Kind lernen, wie sich Buchstaben anhören, besonders wenn Sie nach Kombinationen wie **ch**, **dr**, **kl** und **br** suchen.

Der besondere Tipp

Auf einer Autofahrt kann man spielen: „Wer sieht als Erster ... ?" Das trainiert obendrein noch die visuelle Neugier und Aufmerksamkeit.

Und noch etwas!

„Ich sehe was ..." kann man mit älteren Kindern schwieriger gestalten, indem man nach Vorsilben oder Endungen sucht.

Lesen

„Kinder und Eltern, die zusammen lesen,
haben auch zusammen Erfolg."

Peter Young und Colin Tyre

Teach your Child to Read

Lesen – die Grundlagen

Lesen, lesen, lesen!

Das ist die wichtigste Voraussetzung, um erfolgreich lesen zu lernen. Hier ein paar einfache Tipps, wie Sie Ihr Kind aktiv beteiligen können, wenn Sie ihm vorlesen.

- Machen Sie öfter eine Pause. Fragen Sie Ihr Kind: „Was glaubst du, passiert jetzt?“ oder: „Warum schluckt der Wolf Kreide?“ Legen Sie ihm die Antwort in den Mund: „Weil ...“
- Verfolgen Sie mit dem Finger den Text, damit es von links nach rechts „mitlesen“ kann.
- Lesen Sie ein Buch mit einfachem Text in großen Buchstaben gemeinsam mit Ihrem Kind, anstatt nur vorzulesen. Lassen Sie es die Geschichte anhand der Bilder wiederholen.
- Lesen Sie immer wieder dieselben Kinderreime und machen eine Pause vor einem Schlüsselwort. So kann Ihr Kind es selbst „lesen“. „Backe, backe ... (Kuchen).“

Interaktives Lesen

Wenn Sie immer wieder innehalten, können Sie gemeinsam darüber reden, was passiert ist, und vermuten, was passieren wird. Zusammenfassen und Vorhersagen sind wichtige Fähigkeiten. Fragen Sie:

- Wie dick war Gretels Finger?
- Warum war die Hexe nicht zufrieden damit?

Die Schlüssel zum frühen Lesen sind einfach

1. Zu Beginn muss Ihr Kind die Buchstaben des Alphabets erkennen. Dafür haben wir Spiele vorbereitet.
2. Wir wissen, dass der alltägliche Wortschatz aus etwa 3.000 Wörtern besteht. Wenn Ihr Kind die ersten 400 lesen kann, beherrscht es bereits im Grunde den Wortschatz seiner Kinderbücher.
3. Machen Sie Ihr Kind mit den geschriebenen Wörtern in derselben Reihenfolge, wie sie gesprochen werden (also zuerst das Substantiv, dann das Verb, dann Adjektive und Adverbien), in großen Buchstaben vertraut: Erst 6 cm groß, dann bis zu 2,5 cm klein für Vierjährige.
4. Machen Sie es spielerisch mit den Lauten der Wörter vertraut, damit es auch andere Wörter aus diesen Lauten entziffern kann. Wenn diese Lernstufen aus Spielen bestehen, lernen die meisten Kinder lesen, bevor sie in die Schule kommen.

Wir wissen, dass das Gehirn keinen Unterschied zwischen gesprochenen und geschriebenen Wörtern macht. Wenn Ihr Kind also das Wort PAPA hört, übertragen die Nerven den Klang in den Teil des Gehirns, der Klang in Sprache übersetzt. Wenn Ihr Kind das Wort PAPA sieht, dann übertragen die beiden Sehnerven das Bild in den Teil des Gehirns, der es in Sprache übersetzt. Das Gehirn entschlüsselt beide Signale gleichermaßen gut.

In den allerersten Lebensjahren jedoch können die visuellen Wege kein Wort in dieser Schriftgröße aufnehmen, sehr wohl aber in dieser Größe:

Papa

Diese Tatsache haben wir berücksichtigt und eine Reihe von Spielen und Schritten entwickelt, mit denen Ihr Kind erst mit der Vorstufe des Lesens und dann mit Leseübungen durch **phonetische Kartensätze** wie diesem vertraut gemacht wird:

Hut	Eis	Fuß	o
Bär	Tag	Uhr	u
Rad	aus	au	Bus
e	i	Kuh	a

Schlüsselwörterkarten sehen wie diese aus. Sie bestehen aus den gebräuchlichsten Wörtern der Kinderbücher. Sie können damit Wörter-Bingo spielen, oder den Wortschatz Ihres Kindes testen.

Arm	Bein	Ball	Brot
vor	nach	oben	unten
blau	braun	rot	gelb
mit	rufen	Oma	kann

Satzspiele: Dabei werden Satzanfang, -mitte und -ende zusammengesetzt und miteinander kombiniert, wie zum Beispiel:

wer	tut was
meine Familie	frühstückt
das Mädchen	rennt gern
mein Freund	spielt nicht

Die Wörter sind so ausgewählt, dass man mit ihnen viele Lesespiele machen kann.
Darüber hinaus empfehlen wir Ihnen:

- Hängen Sie eine weiße Tafel neben den Küchentisch oder ins Kinderzimmer.
- Schreiben Sie regelmäßig Wörter darauf oder lassen Sie jeden Morgen das Zauberwort des Tages dort erscheinen.
- Machen Sie Karten mit Wörtern, die Sie in einem neuen Buch finden oder schreiben Sie sie auf die Tafel.

- Ihr Kind kann sich ein eigenes Wörterbuch mit seinen Lieblingswörtern anlegen.

Begabte Leser kommen aus Familien, in denen Lesen zum täglichen Leben gehört, weil man sich schrifliche Mitteilungen macht, ein schwarzes Brett hat, Einkaufslisten und Rezepte schreibt, Zeitung liest, häufig etwas in Lexika nachschlägt oder Orte auf Landkarten sucht. Das Kind erlebt so, dass Lesen ein zentraler und wichtiger Teil des Lebens ist. Eine Untersuchung hat ergeben, dass vor allem die Kinder in der Schule gut lernen können, deren Eltern viel Zeit mit ihnen verbracht haben. Wichtig dabei ist die Qualität der Unterhaltungen. Ein zweites gutes Anzeichen ist, wenn das Kind auch außerhalb der Schule gern liest.

Bücher statt Fernsehen

Warum sind Bücher besser als Fernsehen? Weil es im Fernsehen nur Dialoge gibt. Weder Situationen, noch Gefühle müssen beschrieben werden, weil sie ja gezeigt werden.
Darum fehlen einem Kind, das viel fernsieht, die anschaulich beschreibenden Wörter aus den Geschichten in Büchern.

Laute oder ganze Wörter?

Wir wollen nicht auf den sinnlosen Streit eingehen, nach welcher Methode die Kinder besser lernen: mit Lauten und Buchstaben oder mit ganzen Wörtern.

In der deutschen Sprache sind die meisten Wörter so geschrieben wie sie auch phonetisch buchstabiert werden. Es gibt etwa 42 Phoneme mit der Besonderheit, dass es lange geschlossene und kurze offene Vokale gibt und manche Kombination nicht möglich sind. Sobald Kinder einfache Wörter wie „Haus“ und „Nase“ lesen können, fällt es ihnen leicht, auch „Maus“ und „Hase“ zu erkennen. Aber die Laute allein helfen ihnen nicht bei „Jeans“ oder „Chips“. Andererseits hilft es ihnen, wenn sie die Bedeutung von „unnötig“ kennen, auf die von „un-möglich“ oder „un-achtsam“ zu schließen.

a
e
o
f
n
t

Laute/Phoneme

Aal
Beet
Ofen

ganze Wörter

Die Vertreter beider Methoden haben Recht, denn ein Kind muss lernen, Wörter auf zwei verschiedene Arten zu sehen, um zwei verschiedene Aufgaben zu lösen.
Es muss Wörter als Symbole für bestimmte Bedeutungen erkennen können, damit es sie versteht (Ganzheitsmethode). Und es muss die Zusammenstellung von Lauten erkennen, damt es sie übersetzen kann (Phonologie).

Wie Sie gemeinsam lesen

Wenn Ihr Kind für sein erstes Buch bereit ist, suchen Sie eines mit großen Buchstaben und lesen Sie es erst selbst. Setzen Sie sich dann neben Ihr Kind und halten Sie diese Reihenfolge ein:

1. Geben Sie Ihrem Kind zuerst einen Überblick: „Das ist die Geschichte von einem lieben Dinosaurier, der die Stadt nach einem Blumenstrauß absucht, den er seiner Mutter zum Geburtstag schenken will.“ Zu wissen worum es geht, hilft Ihrem Kind beim Lernen.
2. Lesen Sie erst etwa eine Minute lang in normalem Tempo mit viel Betonung und begleiten Sie dabei den Text mit dem Finger.
3. Reden Sie über die Geschichte, erklären Sie sie und ermutigen Sie Ihr Kind zu fragen.
4. Schlagen Sie Ihrem Kind vor, den gleichen Text mit Ihnen zusammen zu lesen, den Sie dabei wieder mit dem Finger begleiten.
5. Loben Sie Ihr Kind für seine Leistung und schlagen Sie vor, dass Sie selbst den Text noch einmal lesen – immer mit dem Finger die Zeilen entlang. Machen Sie viele Pausen, damit Ihr Kind das nächste Wort sagen kann. Wenn es zögert oder einen Fehler macht, helfen Sie und lassen es dann weiterlesen.
6. Anschließend loben Sie Ihr Kind. Beim nächsten Mal schlagen Sie vor, dass Sie selbst anfangen und Ihr Kind dann weiterliest. Sie begleiten den Text immer mit dem Finger und helfen, wenn es stockt, damit der Leserhythmus erhalten bleibt. Die Technik „Pause machen, ermutigen und loben“ hilft auch, wenn ältere Kinder ihren jüngeren Geschwistern beim Lesen helfen.

Vom Lesen lernen zum Lesen, um zu lernen

Eine der wichtigsten Voraussetzungen für ein lebenlanges eigenständiges Lernen ist, dass Ihr Kind lernt, Informationsquellen zu nutzen. Wenn Sie auf einen unbekannten Begriff stoßen, schlagen Sie ihn zusammen nach. Reden Sie darüber und schreiben Sie ihn zusammen mit der Erklärung auf. Es lohnt sich, in das beste Kinderlexikon und in einen Kinderatlas zu investieren. Aber vor allem gewöhnen Sie Ihr Kind daran, in die öffentliche Bücherei zu gehen.

Klingen und Klatschen

Was tun?

Nehmen Sie eine Wortkarte und fragen Sie Ihr Kind nach dem Anfangsbuchstaben. Dann kündigen Sie an, dass Sie noch andere Wörter sagen und zeigen werden und es jedes Mal in die Hände klatschen soll, wenn eines mit dem gleichen Buchstaben beginnt. Wenn es Recht hat, darf es die Karte behalten. Wie viele Karten kann Ihr Kind sammeln?

Wie dies Ihrem Kind beim Lernen hilft

In der Phonetik muss man zuerst den Laut lernen, mit dem ein Wort beginnt.

Der besondere Tipp

Dieses Spiel können sie im Auto auch ohne Karten spielen.

Und noch etwas!

Unterscheiden Sie zwischen Vokalen und Konsonanten oder finden Sie die Endbuchstaben heraus.

Alphabet-Spiele

Was tun?

Mit drei oder vier Jahren sollten die Kinder den größten Teil des Alphabets kennen. Helfen Sie mit Alphabet-Spielen nach: „Wie viele Wörter kennen wir, die mit dem gleichen Buchstaben anfangen wie dein Name. Du heißt Beate. Da haben wir noch die Biene, das Buch und die Birne. Wie viele kennst du noch?“ Am nächsten Tag spielen Sie mit einem anderen Buchstaben.

Denken Sie auch an Kombinationen wie bunter Ball, helle Hose, tolle Tasse oder arme Anke.

Wie dies Ihrem Kind beim Lernen hilft

Das Gehirn speichert Informationen in Mustern, durch Assoziationen und Verknüpfungen: Je besser diese sind, desto besser ist auch das Gedächtnis.

Der besondere Tipp

Auch beim Einkaufen oder Autofahren können Sie einen Buchstaben vorschlagen und Ihr Kind fragen, wie viele Wörter es findet, die damit anfangen.

Und noch etwas!

Wenn Ihr Kind die Anfangsbuchstaben leicht findet, bitten Sie es, diese auch mitten im Wort zu finden.

Jeden Tag ein Schild

Das geht so

Spielen Sie mit Ihrem Kind „Jeden Tag ein Schild“. Fangen Sie z. B. mit unseren Kopiervorlagen an. Beschriften Sie nach und nach alles im Zimmer Ihres Kindes und dann im ganzen Haus.

Lassen Sie Ihr Kind bestimmen, was es als nächstes beschriftet haben will. Es wird von sich aus bald längere Wörter wie Fernseher und Kassettenrekorder wissen wollen. Schreiben Sie die Schilder mit einem roten Marker in klaren, mindestens 2,5 cm großen Druckbuchstaben.

Wie dieses Ihrem Kind beim Lernen hilft

Lesen kann so einfach wie Sprechen sein, wenn die Wörter groß genug sind und mit Erfahrungen zu tun haben.

Der besondere Tipp

Wenn viele Schilder angebracht sind, können Sie das Spiel erweitern, indem sie fragen: „Wie viele Wörter kannst du sehen, die mit **B** oder **M** anfangen?“

Und noch etwas!

Ist Ihr Kind drei Jahre alt, schreiben Sie die Schilder mit dünnem Stift und lassen sie vom Kind mit einem dicken Farbstift nachziehen.

Das Tätigkeitswortspiel

Was tun?

Wenn Ihr Kind problemlos seine ersten Karten lesen kann, sollten Sie es mit Verben vertraut machen – selbstverständlich in Verbindung mit Tätigkeiten: „ Du **gehst** zu Papa in den Garten und ich **gehe** in die Küche. Dein Freund **geht** nach Hause und heute Abend **gehen** wir zur Oma.“ Nutzen Sie die Verbkarten und beschriften Sie weitere Karten mit den Verben, die Sie brauchen.

Wie dies Ihrem Kind beim Lernen hilft

Ein Kind lernt wie selbstverständlich zu sprechen, zu lesen und zu schreiben, wenn dies mit seinen eigenen Aktionen zu tun hat.

Der besondere Tipp

Für Verben gilt das gleiche Prinzip wie für Substantive: Immer nur wenige gleichzeitig und nur eine kurze Zeit üben.

Und noch etwas!

Später können Sie drei Karten zeigen: „Auf dieser Karte steht ‚gehen‘, auf dieser ‚hüpfen‘ und hier ‚rennen‘. Auf welcher steht ‚hüpfen‘? Wie geht das?“

Unterricht in drei Schritten

Was tun?

Immer wenn Sie Ihrem Kind ein neues Wort vorstellen, tun Sie das in drei Schritten:

Versuchen Sie zum Beispiel drei Wörter wie „Bär“, „Löwe“ und „Vogel“. Zeigen Sie auf die jeweilige Karte, wenn Sie das Wort vorlesen.

Danach bitten Sie Ihr Kind, Ihnen zu zeigen, auf welcher Karte „Löwe“ steht.

Danach zeigen Sie auf eine der beiden anderen Karten und fragen Sie: „Was steht denn auf dieser Karte?“

Wie dies Ihrem Kind beim Lernen hilft

Es erweitert nicht nur sein Wörtergedächtnis, sondern lernt auch, die Erscheinungsformen der Wörter zu unterscheiden.

1	Zeigen Sie Ihrem Kind die Wörter (oder Buchstaben) und erklären Sie ihm ganz genau, was sie sind.
2	Bitten Sie es, Ihnen die Karte zu zeigen, auf der ... steht.
3	Dann zeigen Sie auf ein anderes Wort (oder Objekt) ohne es zu nennen und fragen Sie, was es ist.

Der besondere Tipp

Zeigen Sie drei Dinge: „Das ist eine Geige, das eine Gitarre, das eine Tuba. Welches Instrument ist die Geige?“ Zeigen Sie auf die Gitarre: „Was ist das?“

Und noch etwas!

Das hört sich sehr einfach an, aber es ist einer der einfühlsamsten Wege, dem Kind zu helfen, schnell drei Wörter (oder Begriffe) aufzunehmen.

Schnipp-Schnapp mit Lauten

Das geht so

Bereiten Sie zwei Kartenstapel vor: Einer hat nur Buchstaben oder Silben (A,a; B,b; ... ent, be, pa ...) und der andere genauso viele ganze Wörter (Ameise, aber, Bus, laden, Papa, packen usw.). Beide Spieler bekommen je einen verdeckten Stapel. Sie drehen abwechselnd eine Karte um und bilden damit einen Stapel in der Mitte. Wenn jemand ein Wort mit dem Anfangsbuchstaben der gegnerischen Karte oder einen Buchstaben des gegnerischen Wortes hat, sagt er „Schnipp“ und bekommt den ganzen Stapel. Wer zuerst alle Karten hat, hat gewonnen.

Wie dies Ihrem Kind beim Lernen hilft

Die Verbindung von Buchstaben zu Wörtern zu erkennen, ist eine wichtige Grundlage zum Lesen.

Der besondere Tipp

Wenn der Gegner die Gemeinsamkeit schneller erkennt, sagt er „Schnapp!“ Dann bekommt er den Stapel.

Und noch etwas!

Sie können das Spiel auf alle Buchstaben eines Wortes ausdehnen.

Zaubertafel

Was tun?

Die Tafel ist ein bewährtes Hilfsinstrument um Lesen und Schreiben zu lernen:

- Jeden Tag ein neues Wort.
- Ein Wort aus der gestrigen Geschichte.
- Ein Wort, das Ihr Kind sich aussucht.
- Phonetische Leitern, wie unten.
- Ein Buchtitel.
- Namen von Familienmitgliedern und Haustieren.

Wie dies Ihrem Kind beim Lernen hilft

Selbst ein zweijähriges Kind kann leicht lesen, WENN DIE WÖRTER GROSS GENUG SIND.

Der besondere Tipp

Machen Sie ein Ereignis daraus – lassen Sie jedes Wort „hergezaubert“ auf der Tafel erscheinen.

Und noch etwas!

Es ist bereits „hergezaubert“, wenn es morgens schon auf der Tafel steht, wenn Ihr Kind in die Küche kommt.

Phonetische Leiter

Was tun?

Auf Ihrer Tafel sind viele verschiedene Spiele mit Lauten möglich. Wenn Ihr Kind die einfacheren Reihen mit drei Buchstaben „Hut, Mut, gut ...“ beherrscht, gehen Sie zu Kombinationen mit vier und fünf Buchstaben über, wie sie auf der Abbildung gezeigt sind.

Der besondere Tipp

Sie können die Leiter natürlich auch als Anreiz einsetzen, wenn es um den gleichen Anfangsbuchstaben (groß oder klein) geht.

Wie dies Ihrem Kind beim Lernen hilft

Ein Kind fängt schneller an zu lesen, wenn es Strukturen von Wörtern erkennen kann.

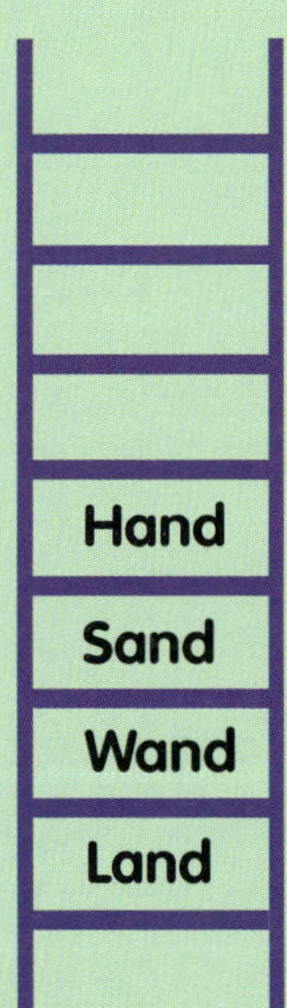

Wie hoch kannst du klettern?

Stein	Baum	Nudel
klein	Flaum	Kugel
fein	kaum	Rudel
Bein	Raum	Pudel
kein	Traum	

Buchstabenkominationen, die sich reimen und betont werden, sind einfacher als unbetonte Endungen. Sie sollten damit anfangen. Wenn sich Ihr Kind an Strukturen gewöhnt hat, erkennt es auch die unbetonten Silben.

Wörter-Bingo

Was tun?

Basteln Sie eigene Bingokarten und beschriften Sie viele Karten, die zu den Wörtern auf der Karte passen. Der Spielführer zieht jeweils ein Wort aus dem Kartenbehälter, zeigt es und liest es zweimal deutlich vor. Wenn ein Spieler das Wort auf seiner Karte hat, darf er es mit einem Jeton oder einer Münze abdecken. Der erste Spieler, der eine ganze Reihe (waagerecht, senkrecht oder diagonal) abgedeckt hat, hat gewonnen.

Wie dies Ihrem Kind beim Lernen hilft

Das Erkennen ganzer Wörter wird zum lustigen Spiel.

Eine Bingo-Karte

Augen	Auto	Ameise	Ball	Bank
billig	breit	Bruder	das	der
dein	denken	Dose	Engel	Erde
für	Gabel	gut	ihre	sein
Kiste	krank	Papa	Radio	Tor

Der besondere Tipp

Sie können die Wortkarten auch alphabetisch auslegen und Ihr Kind die Wörter von seiner Karte suchen lassen. Das schult von links nach rechts zu lesen.

Und noch etwas!

Ihr Kind kann die Wortkarten in verschiedenen Farben anmalen und die passenden Felder auf der Bingokarte in der jeweils gleichen Farbe.

Warum? Weil ...

Was tun?

Beteiligen Sie Ihr Kind aktiv, wenn Sie ihm seine Lieblingsgeschichten vorlesen: „Warum fiel das Haus des Schweinchens zusammen?“ „Warum ging Rotkäppchen zu seiner Großmutter?“ „Warum musste Aschenbrödel zu Hause bleiben?“ „Warum hat die Taube ihm geholfen?“ „Was hat Schneewittchen wohl gedacht?“

Wie dies Ihrem Kind hilft

So lernt Ihr Kind sich beim Zuhören Gedanken zu machen. Erfolgreiche Lerner müssen Antworten finden können, wenn sie sich über etwas wundern. Sie müssen nachdenken und fragen können. Für all das wird in der entspannten Atmosphäre des Vorlesens eine gute Grundlage gelegt.

Der besondere Tipp

Bei kleineren Kindern fangen Sie mit reich bebilderten Geschichten an. Sie können Ihr Kind so lenken, dass es visuelle Antworten auf Ihre Fragen findet.

Und noch etwas!

Wenn es einem Kind schwer fällt die Antwort zu finden, geben Sie ihm Hilfestellungen: „Ich frage mich, ob ...“

Zum Lesen einkaufen

Was tun?

Wann immer Sie mit Ihrem Kind unterwegs sind, bauen Sie das Abenteuer Lesen mit ein. Lesen Sie gemeinsam Straßen- und andere Hinweisschilder, die Eiskarte, Beschriftungen von Verpackungen usw. Gestalten Sie den Besuch im Supermarkt spannend: „Schau doch mal, ob du das Vanilleeis findest."

Geben Sie Ihrem Kind eine Einkaufsliste mit drei Artikeln und lassen Sie es selbstständig einkaufen. Leisten Sie nur im Notfall Hilfe zur Selbsthilfe.

Wie dies Ihrem Kind beim Lernen hilft

Es liegt an Ihnen, wie sehr Lesen Ihrem Kind Spaß macht.

Der besondere Tipp

Heben Sie ein paar Verpackungen auf. Mit ihnen lernt Ihr Kind, Wörter mit Dingen des täglichen Lebens zu verbinden.

Und noch etwas!

Gewöhnen Sie Ihr Kind daran, unterwegs auf vertraute Schilder zu achten: „Woher wissen wir, wo die Post ist? Wo steht denn, dass dies die Apotheke ist?"

Kinder-Lese-Kiste

Was tun?

Wenn Ihr Kind an manchen Wörtern besonders viel Freude hat (z. B. Dinosaurier, Tiere, Blumen), schreiben Sie jedes mit einem dicken Filzstift auf eine Karte. Die kleinen Buchstaben sollten mindestens 2,5 cm groß sein.

Helfen Sie Ihrem Kind, seine Wörter in einem schönen Behälter aufzubewahren. Dann können Sie sie sich jeden Tag gemeinsam anschauen. Lassen Sie Ihr Kind sie vorlesen und erzählen.

Wie dies Ihrem Kind beim Lernen hilft

Das beste Motiv zum Lernen ist das Interesse am Objekt.

Der besondere Tipp

Befürchten Sie nicht, dass manche Wörter zu komplex sind. Kinder sind begeistert, wenn sie lange Wörter lesen können.

Und noch etwas!

Lebensmittel eignen sich gut, weil Sie sich auch über Geruch und Geschmack unterhalten und mehrere Sinne ansprechen können.

Erste-Sätze-Spiele

Was tun?

Wenn Ihr Kind einzelne Wörter gut lesen kann, führen Sie es spielerisch an ganze geschriebene Sätze heran. Beschreiben Sie eine Karte mit „Ich liebe“ in 2,5 cm großen Buchstaben und legen Sie drei oder vier Wörter daneben, die es bereits lesen kann. Lassen Sie es damit spielen. Bitten Sie es, die zusammengesetzten Sätze einzeln zu lesen und Ihnen zu zeigen, welche Karten „Ich liebe Mama“ ergeben.

Wie dies Ihrem Kind beim Lernen hilft

Eine einfache Methode, Ihr Kind mit Sätzen vertraut zu machen.

Ich liebe	Papa
Ich mag	Hunde
Ich esse gern	Eis
Hallo,	Sara

Im Anhang finden Sie Vorschläge für Satz-Karten.

Der besondere Tipp

Machen Sie getrennte, verdeckte Stapel aus den Wörtern und Tätigkeiten. Lassen Sie Ihr Kind je eine Karte ziehen und sagen, ob der Satz richtig oder falsch ist.

Und noch etwas!

Denken Sie sich so viele Einleitungen wie möglich aus: Ich höre, ich trinke, ich sehe, ich fühle ...

Schatzsuche im Haus

Was tun?

Beschriften Sie vier oder fünf Karten mit Hinweisen und verstecken Sie die erste nur zur Hälfte – etwa so, dass sie unter dem Teppich hervorschaut.

Der erste Hinweis führt zum zweiten: „Sieh bei den Eiern nach.“ oder „Nummer 2 ist dort, wo du schläfst.“ Dort kann es heißen: „Der Schatz ist in der Nähe des Fernsehers.“

Der letzte Hinweis sagt, wo der Schatz ist.

Wie dies Ihrem Kind beim Lernen hilft

Schatzsuchen reizen zum Lesen und sollten – wie ein Buch – Spannung aufbauen.

Der besondere Tipp

Gestalten Sie die Schatzsuche für Vierjährige noch sehr einfach. Mit wachsendem Alter sollten die Hinweise schwerer zu lesen und zu finden sein.

Und noch etwas!

Ältere Kinder lieben Hinweise, die sich reimen: Es ist nass – liegt im Gras, es ist fett – unter dem Bett, es ist blau – kennt deinen Teddy genau.

Lese-Rennbahn

Was tun?

Spiele wie *Mensch, ärgere dich nicht* können umfunktioniert werden, um zum Lesen zu motivieren.

Machen Sie einen Stapel aus Karten, von denen Sie jede mit einer Anweisung beschrieben haben: „Hüpfe wie ein Frosch“, „Flattere mit den Armen wie ein Vogel“, „Dreh dich wie ein Tänzer“.

Die Spieler drehen nacheinander eine Karte um, lesen sie laut vor, befolgen die Anweisung und bewegen ihre Figur auf dem Spielfeld so viele Felder vor, so oft sie die Bewegung gemacht haben (1–6).

Der besondere Tipp

Brettspiele sind so nicht nur gute Hilfsmittel zum Zählen und Addieren. Wenn das Spiel Ihrem Kind gut gefällt, bitten Sie es, selbst Anweisungen zu schreiben oder schreiben Sie seine Vorschläge auf.

Wie dies Ihrem Kind beim Lernen hilft

Das Spiel kombiniert Zählen, Lesen und Bewegung.

Beispiele für Anweisungen

Halten Sie die Anweisungen zunächst sprachlich und in der Ausführung einfach. Auch wenn Sie sie steigern, sollen sie immer noch Spaß machen:

Weine wie ein Baby.

Brülle wie ein Löwe.

Gehe um den Tisch herum mit einem Buch auf dem Kopf.

Mache einen Fisch nach.

Stolziere wie ein Hahn.

Fahre wie ein Rennfahrer quietschend um Kurven.

Wortpuzzle

Was tun?

Schreiben Sie zwei-, drei- oder viersilbige Wörter auf eine Karte und lassen Sie eine Lücke zwischen jeder Silbe. Dann schneiden Sie die Silben wie Puzzlesteine auseinander. Ihr Kind darf das Puzzle dann zusammensetzen.

Wie dies Ihrem Kind beim Lernen hilft

Ihr Kind kann bei diesem Spiel bereis einsilbige Wörter lesen und lernt jetzt, dass längere Wörter so in Silben aufteilbar (und zusammensetzbar) sind, wie sie gesprochen werden.

Der besondere Tipp

Spielen Sie anfangs immer nur mit einem Wort, bevor Sie langsam auf zwei Wörter übergehen und so die Herausforderung wie auch das Erfolgserlebnis steigern.

Und noch etwas!

Bitten Sie Ihr Kind, beim Zusammensetzen jede Silbe deutlich auszusprechen, damit es ein Gefühl für Phonetik bekommt.

Spiel mit ganzen Sätzen

Was tun?

Der Sinn dieses Spiels ist, mit Ihrem Kind aus Satzanfang, -mitte und -ende ganze Sätze zusammenzusetzen. Nehmen Sie dazu die Kopiervorlagen aus dem Anhang oder beschriften Sie selbst Karten. Fangen Sie mit Sätzen in der Gegenwart an.

Meine Freunde	kommen	zu meiner Party.
Flugzeuge	fliegen	im Himmel.
Der Vogel	badet	im Teich.
Unsere Katze	trinkt gern	warme Milch.
Der Lehrer	hilft uns zu	lesen.
Meine Mutter	geht	einkaufen.

Die Satzanfänge fangen mit einem großen Buchstaben an, die Mittelteile sind Tätigkeiten und die Satzenden haben einen Punkt.

Wie dies Ihrem Kind beim Lernen hilft

Es fördert nicht nur die Kompositions- und Buchstabierfähigkeiten Ihres Kindes, sondern versorgt es mit Hunderten – sogar Tausenden – von verschiedenen Kombinationsmöglichkeiten.

Der besondere Tipp

Die Kombinationen dürfen ruhig auch keinen Sinn ergeben. Kinder lieben verrückte Sätze.

Und noch etwas!

Bewahren Sie die drei Satzteile getrennt voneinander auf, damit Sie jederzeit mit einer gewünschten Anzahl spielen können.

Klänge

Was tun?

Ihr Kind gewöhnt sich in seiner Sprache schnell daran, Buchstabenkombinationen zu benutzen, die einen Klang haben. Machen Sie ein einfaches Reimspiel mit ihm, indem Sie ein Wort mit einer bestimmten Kombination auf die Tafel oder ein Blatt Papier schreiben und gemeinsam nach Wörtern suchen, die sich auf den gleichen Laut reimen (ei, eu, au, en ...), mit dem gleichen Laut (sch, br ...) anfangen oder diese Kombination in der Mitte haben (tz, ...).

Einfache Kombinationen

ei	**ck**	**eu**	**ch**	**br**
Brei	keck	scheu	flach	breit
frei	Reck	Heu	Bach	Brett
drei	Deck	neu	Krach	Bruch
au	**ie**	**sch**	**en**	**tz**
Bau	nie	schön	gehen	Katze
Tau	Knie	Schau	flehen	Tatze
Sau	wie	schlau	sehen	Fratze
gr	**kr**	**bl**	**ss**	**ng**
grün	Kreis	Blatt	nass	sing
grau	Kralle	blau	Fluss	bring
groß	krumm	blass	Kuss	fing

Wie dies Ihrem Kind beim Lernen hilft

Sie erweitern mit Phonemen den Wortschatz des Kindes.

Der besondere Tipp

Machen Sie aus jedem Beispiel ein Wortspiel: „Eine Katze hat 'ne ... (Tatze)." „Warum ist die Banane ... (krumm)?"

Und noch etwas!

Lesen Sie mit Ihrem Kind Bücher mit Kinderreimen und zeigen Sie ihm, wie die reimenden Laute geschrieben werden.

Drei Lesespiele

1. Einfache Wortsuche

Schreiben Sie eine lange Reihe beliebiger Buchstaben, es müssen nur die Lösungswörter dabei sein: „Ich kann das Wort **Papa** viermal sehen. Du auch?"

pbepapafgmspapakjtvpapadspapatx

2. Wortjagd

Wenn Ihr Kind den Unterschied zwischen **ein** und **kein** sowie **b** und **p** erkennt, spielen Sie „Jage das **ein**" oder „Jage das **p**". Geben Sie ihm ein Buch mit großen Buchstaben und lassen Sie es suchen.

3. Buchstabenhüpfen

Schreiben sie „schwierige" Buchstaben wie **p**, **b** und **d** mit Kreide in einen Hüpfkasten und schlagen Sie Ihrem Kind vor, auf den Buchstaben zu hüpfen, mit dem das Wort „Pirat" oder „Drache" oder „Buch" anfängt. Versuchen Sie Sätze aus Wörtern zu schreiben, die mit dem gleichen Buchstaben anfangen: „Beleidigte braune Bären brummen böse." „Puppe Paula probiert pausenlos Pudding." „Dreckige Drachen drücken dauernd daneben." „Laubfrosch Lara liebt lange Leitern."

Der besondere Tipp

Nutzen Sie jede Gelegenheit für spaßige Wortspiele: Einfache Kreuzworträtsel können Sie zum Beispiel selbst zusammenstellen.

Und noch etwas!

Geben Sie bei „Ich sehe was..." oder „Kofferpacken" Anfangsbuchstaben vor.

4-minütiges Leseprogramm

Was tun?

Wenn Ihr Kind Probleme hat, **d** und **b** zu unterscheiden, versuchen Sie eine Liste von etwa 10 Wörtern zu schreiben, die mit einem dieser Buchstaben anfangen und/oder ihn im Wort haben: *Bach – Dach, bumm – dumm, aber, lieber, Bank – Dank, Bonbons, dicker Daumen.*

Verbringen Sie am Abend immer nur vier Minuten mit einer solchen Liste und wiederholen Sie sie am nächsten Morgen – aber auch nicht länger.

Wie dies Ihrem Kind beim Lernen hilft

Eine abendliche Wörterliste hat sich als gutes Mittel erwiesen, Leseschwierigkeiten zu beseitigen.

Der besondere Tipp

Wenn Ihr Kind Problembuchstaben zwar aussprechen, aber nicht erkennen kann, bitten Sie es, Ihnen einen lustigen Satz damit zu diktieren.

Und noch etwas!

Kinder erkennen am leichtesten Wörter, die mit ihren Lieblingsbuchstaben anfangen oder enden.

Schreiben

„Es macht Spaß, seinem Kind zu helfen, Lesen, Schreiben und Buchstabieren zu lernen.“

Peter Young und Colin Tyre

Teach your Child To Read

Schreiben

Schreiben lernen ist fast genauso leicht wie Lesen lernen, manche Kinder finden es sogar einfacher. Das hat zwei Gründe:

1. Kinder können fast ohne Anleitung geradezu **schreibwütig** werden, wenn sie nur die richtigen Materialien und Aktivitäten bekommen.
2. Sie finden Schreiben einfacher, weil sie ihre eigenen Gedanken ausdrücken. Beim Lesen müssen sie die Gedanken anderer verstehen.

Beim Schreiben gibt es drei Aspekte

Wie man schreibt: Die Fähigkeit, mit einem Stift oder Füller erst Druckbuchstaben und später in Schreibschrift zu schreiben – und noch später Wörter auf einer Tastatur zu tippen.

Was man schreibt: Die Fähigkeit, eigene Gedanken auf Papier zu bringen.
Richtig schreiben: Die Fähigkeit zu buchstabieren, zu interpunktieren und Sätze so zusammenzusetzen, dass sie einen Sinn ergeben. Alle drei Fähigkeiten können auf ganz natürliche Weise entwickelt werden. Die meisten Kinder können Druckbuchstaben schreiben, bevor sie in die Schule kommen. Mit „Kinder spielerisch fördern" geht das ganz einfach. Zum Schreiben muss das Kind koordinieren, was es beim Spielen lernt. Wir empfehlen dafür Material, das Ihr Kind **indirekt** auf das Schreiben vorbereitet. Griffe auf Puzzlesteinen regen Ihr Kind dazu an, sie umzusetzen, und es lernt, dabei Finger und Daumen zu benutzen.

Buchstaben

Kaufen Sie ein paar dieser hervorragend geeigneten Buchstaben aus Plastik, die es mit getüpfelter Oberfläche oder mit Magneten für Kühlschranktüren gibt. Sie können aber auch selbst welche aus Sandpapier ausschneiden. Beim Handhaben dieser Buchstaben enwickelt Ihr Kind ein „Muskelgedächtnis" für die Formen der Buchstaben.

Die Buchstaben sollten etwa 7,5 cm groß sein. Kleben Sie sie auf einen etwa 15 cm x 15 cm großen Karton. Schneiden Sie von jedem Buchstaben zwei kleine und einen großen aus und je eine Ziffer von 0 bis 9. Sie können Ihr Kind jederzeit ab seinem vierten Lebensjahr mit diesen Noppen- oder Sandpapier-Buchstaben vertraut machen, vielleicht auch schon früher, wenn Sie meinen, dass es die Buchstaben nicht nur sehen, sondern auch fühlen möchte. Wenn Sie ihm also die Buchstaben erklären, mit denen man „Ball" schreibt, führen Sie seine Hand über die Buchstaben, und es wird sie bald schreiben wollen. Die Buchstaben sollten die gleiche Form haben wie die bei den ersten Haupt- und Tätigkeitswörtern. Sie haben zum Beispiel beim **t** oder **a** kleine „Schwänze" (Serifen). Damit wird es Ihrem Kind später leichter fallen, sie miteinander zu verbinden.

Buchstabenspiele

Es macht Spaß, schon vor dem Schreiben mit Buchstaben zu spielen. Sie können sie mit großen Handbewegungen in die Luft schreiben oder führen Sie den Finger Ihres Kindes über einen Buchstaben, als ob es ihn schreibt. Im vierten Lebensjahr sollte es ein Spielalphabet bekommen: eine Kiste mit allen Buchstaben des Alphabets. Die Konsonanten sollten alle die gleiche Farbe haben und alle Vokale eine andere.

Sie sollten Ihr Kind fragen, welche Wörter es gerne buchstabieren möchte. Sie können aber auch Wörter vorschlagen, die zum Beispiel mit Vokalen oder bestimmten Konsonanten anfangen.

Sie können die Wörter mit dem Spielalphabet zusammensetzen oder jedes auf ein eigenes Blatt in ein Sammelalbum schreiben und im Spiel Wörter finden und schreiben, die sich mit denen in der Sammlung reimen.

Schreibwütig

Wenn Sie gleichzeitig mit diesen frühen Schreibübungen Ihrem Kind groß geschriebene Substantive und Verben vorstellen, wird es höchstwahrscheinlich nicht mehr zu bremsen sein selbst schreiben zu wollen. Seine Schreibfähigkeit wird es genauso natürlich entwickeln wie es angefangen hat zu sprechen. Wenn dieser Drang ausbricht, sorgen Sie dafür, dass es viele Blätter Papier oder eine große Papierrolle und viele Bunt- und Filzstifte hat. Wenn Ihr Kind die motorische Fähigkeit hat zu schreiben, werden Sie ihm nur noch den Anreiz geben müssen auch schreiben zu *wollen*. Hier finden Sie viele Ideen und passendes Kartenmaterial dazu.

Wenn Ihr Kind erst einmal Schreiben lernen will, wird es jede Möglichkeit nutzen zu kritzeln, zu zeichnen oder zu „schreiben“, um seine neu entdeckte Fähigkeit zu nutzen!

Spiel mit Schreibschablonen

Was tun?

Wenn ein Kind mit einen Stift kritzeln und mit einem Pinsel klecksen kann, geben Sie ihm Schablonen wie die hier gezeigten.

Lassen Sie es das innere Feld mit einem dicken Filzstift ausfüllen, damit es die Umrisse bekommt. Dann füllen Sie diese zuerst mit festen Farben aus und malen dann horizontale, vertikale oder diagonale Striche in die Formen, die Ihr Kind gemalt hat (Abb. 2).

Loben Sie viel und konstruktiv: „Das ist gut geworden, weil du dieses Mal den Stift richtig gehalten hast."

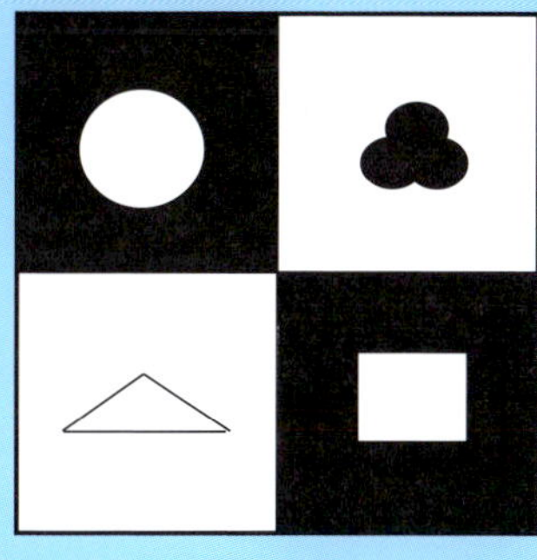

Abb. 1

Wie dies Ihrem Kind beim Lernen hilft

Wenn ein Kind diese Formen auch klein malen kann, wird es bald schreibwütig sein.

Abb. 2

Der besondere Tipp

Wenn Ihr Kind die Schablonen ausgefüllt hat, nehmen Sie sie fort und lassen Sie es versuchen, die Umrisse der Formen nachzuziehen.

Und noch etwas!

Beachten Sie, dass in den Quadrat-, Dreieck- Kreis- und Kleeblattschablonen alle Formen der Druckbuchstaben enthalten sind.

Formen malen

Was tun?

Helfen Sie Ihrem Kind, freihändig Formen und Bilder zu malen, die aus Ovalen, Quadraten, Kreisen und Dreiecken bestehen. Suchen Sie gemeinsam im Haus und in Bilderbüchern danach.

Wie dies Ihrem Kind beim Lernen hilft

Das Alphabet besteht nur aus geraden Linien, Kreisen und Kurven. Wenn Ihr Kind diese malen kann, sind auch Buchstaben leicht.

Der besondere Tipp

Schlagen Sie vor, z. B. alle Kreise rot und alle Quadrate grün zu malen. So lernt Ihr Kind zu sortieren und wird auf das Schreiben vorbereitet.

Und noch etwas!

Schlagen Sie vor, einen Zug, ein Haus, ein Auto oder eine Person nur aus Ovalen, Kreisen, Quadraten und Dreiecken zu malen.

Folge den Punkten

Was tun?

Wenn Ihr Kind gut Formen malen und mit Schablonen arbeiten kann, ist es bereit für Schreibformen. Schreiben Sie ihm Buchstaben aus Punkten vor, die es verbinden soll, und geben Sie ihm die Richtung vor, indem Sie Pfeile daneben einzeichnen.

Wie dies Ihrem Kind beim Lernen hilft

Diese Übung hilft, Form und Schreibrichtung von Buchstaben zu verstehen.

___ apa

Der besondere Tipp

Es lohnt sich, einen Satz Buchstaben laminieren zu lassen. Dann kann Ihr Kind sie immer wieder nachmalen und die Farbe abwischen.

Und noch etwas!

Wenn Ihr Kind Buchstaben formen kann, geben Sie ihm viele Wörter, in die es sie nur noch einsetzen muss (siehe oben).

Seinen Namen schreiben

Was tun?

Mit drei oder vier Jahren lernen die meisten Kinder, ihren eigenen Namen zu schreiben, wenn auch noch unbeholfen. Gehen Sie dabei in drei Schritten vor:

1. Schreiben Sie den Namen des Kindes mit einem dicken Filzstift auf eine große Pappe. Führen Sie die Hand des Kindes und schreiben Sie mit dem Stift darüber.
2. Legen Sie ein Blatt Pauspapier darüber und lassen Sie es alleine die Buchstaben nachziehen.
3. Schreiben Sie den Namen mit feinem Stift und lassen Sie ihn überschreiben.

Wie dies Ihrem Kind beim Lernen hilft

Nichts motiviert ein Kind mehr zum Schreiben als sein eigener Name.

Der besondere Tipp

Druckbuchstaben sollten am Anfang mindestens 5 cm groß sein und dann langsam kleiner werden, wenn Ihr Kind sie in der Größe beherrscht.

Und noch etwas!

Machen Sie weiter mit Wörtern, die dem Kind etwas bedeuten – Name des Haustiers oder eines Freundes oder mit einem Wunschzettel.

Dreifache Buchstaben

Was tun?

Wenn Ihr Kind beginnt kleinere Buchstaben zu schreiben, können Sie ihm mit dieser Übung helfen. Lassen Sie es drei verschiedene Stifte aus seinen Farbstiften heraussuchen.

Schlagen Sie etwas Lustiges wie „grüne Gorillas“ oder „taube Tauben“ vor. Sie schreiben den ersten Buchstaben in einer Farbe und Ihr Kind kann ihn mit den anderen Farben nachziehen.

Wie dies Ihrem Kind beim Lernen hilft

Ein paar Fantasiebegriffe und viel Farbe erleichtern das Lernen und motivieren zum Weitermachen.

Der besondere Tipp

Wenn Ihr Kind Buchstaben vom Kindergarten mit nach Hause bringt, machen Sie daraus lustige Begriffe.

Und noch etwas!

Wenn es Ihnen an Begriffen fehlt, versuchen Sie *wollige Wurst, muntere Maus, roter Rabe, Steineis.*

Rückenschreiben

Was tun?

Wenn Ihr Kind mit einem Buchstaben (zum Beispiel dem **b**) Probleme hat, heften Sie ein großes Blatt an eine Wand. Geben Sie ihm einen dicken Filzstift und stellen Sie es so, dass es auf das Blatt schreiben kann. Stellen Sie sich hinter Ihr Kind und schreiben Sie mit dem Zeigefinger diesen Buchstaben groß auf seinen Rücken. Sagen Sie: „Das ist ein **b**.“ Lassen Sie Ihr Kind den Satz wiederholen und ihn auf das Papier schreiben. Lassen Sie es den gleichen Buchstaben so lange üben, bis er richtig ist.

Wie dies Ihrem Kind beim Lernen hilft

Es stärkt das „Muskelgedächtnis“ für Buchstaben. (Sie können ihm auch auf den Handrücken „schreiben“.) Schreiben Sie ihm einen Buchstaben auf den Rücken und lassen Sie ihn erraten.

Der besondere Tipp

Wiederholen Sie jeden Buchstaben und benennen Sie die Linien: „**B** sagt buh. Den Baumstamm runter und rund wie ein Ball.“

Und noch etwas!

Diese Methode hilft Kindern, die Hand und Augen schlecht koordinieren können, und solchen, die Buchstaben verwechseln.

Anfang und Ende

Was tun?

Schneiden Sie etwa 3 cm große, quadratische Karten zu und schreiben Sie Konsonanten auf:

r | t | s | l | n | h

Dann stellen Sie Wortenden zusammen wie diese:

len | er | se

Wie viele und welche Buchstaben muss man davorsetzen, um ganze Wörter zu bekommen?

Beispiele

Welche dieser Anfangsbuchstaben

H | N | B | R

passt zu diesen Endungen?

ase | aus

und | aum

Der besondere Tipp

Andere Brettspiele wie *Inlingua* und *Junior Scrabble* machen etwas älteren Kindern Spaß.

Und noch etwas!

Bauen Sie das Spiel aus, indem Sie zwei- und dreibuchstabige Anfänge wie **Kl**, **Tr**, **Gr** und **Sch** mit Enden wie **ung**, **tt**, **ein** usw. nehmen.

Anreiz zum Schreiben

Was tun?

Wenn Ihr Kind schreiben kann, geben Sie ihm gute Gründe zu schreiben (und zu lesen):

1. Ein Hausbriefkasten um Nachrichten mit der Familie auszutauschen.
2. Ein Rezept oder einen Kinderreim abschreiben.
4. Eine Wunschliste schreiben.
5. Eine kurze Geschichte schreiben.
6. Einen Brief an Oma schreiben.
7. Lustige Reime: Die Suppe ist der Puppe schnuppe.
8. Eine eigene Einkaufsliste schreiben
9. Ein Schild für die eigene Zimmertür (z. B.: NICHT STÖREN!)

Wenn Ihr Kind eine Geschichte schreibt, loben Sie es und ermuntern Sie es mit Fragen weiterzuschreiben.

Der besondere Tipp

Lassen Sie sich von Ihrem Kind etwas diktieren – seinen Namen, wo es wohnt, seine Haustiere usw. und schreiben Sie in großen dünnen Buchstaben.

Und noch etwas!

Lassen Sie Ihr Kind die eigene Geschichte vorlesen und Ihre Buchstaben mit einem dicken Stift nachziehen.

Rechnen

„Alle bekannten Rechenarten kommen mit nur 10 Symbolen aus.“

Don Fabun

Rechnen macht Spaß

Zählen ist der Anfang fast aller Rechenarten. Also gewöhnen Sie sich an, mit ihrem Vorschulkind alles zu zählen: die Knöpfe auf seinem Mantel, die Kartoffeln auf dem Teller, Schritte, Sprünge, rote Autos während einer Fahrt, Vögel auf einem Baum usw. Klatschen ist ein ideales Hilfsmittel um den Sinn von Zahlen physisch zu erfahren. Klatschen und zählen Sie gleichzeitig.
Auch Kochen und Essen sind gute Gelegenheiten, um ganz natürlich zu zählen: „Wir teilen die Pizza jetzt in vier Viertel. Zuerst teilen wir sie in zwei Hälften. Dann halbieren wir die Hälften. Jetzt haben wir vier Viertel.“ Oder: „Wir brauchen drei Kartoffeln. Wir halbieren sie und haben sechs Hälften. Eins, zwei ...“

Wiegen Sie Ihr Kind regelmäßig und schreiben Sie sein Gewicht auf ein Schaubild. Messen Sie es, notieren Sie die Maße und reden Sie darüber, wie viele Zentimeter es gewachsen bzw. wie viel Gramm es zugenommen hat. Lassen sie es seine Spielsachen wiegen. Welches ist das schwerste? Wie viele Spielsachen wiegen zusammen ein Kilo? Sagen Sie Ihrem Kind, wie es etwas im Garten findet: „Drei Sprünge geradeaus, dann sechs Schritte nach links ...“. Mit solchen Übungen werden gleichzeitig auch andere Sinne und das „Muskelgedächtnis“ trainiert. Mathematik hat auch etwas mit Vergleichen zu tun: länger, kürzer, mehr, schwerer, leichter, näher ... als.

Lassen Sie Ihr Kind diese Vergleiche erleben: „Das ist kaltes Wasser. Lass uns etwas heißes Wasser dazu gießen und es etwas wärmer machen. Noch etwas. Siehst du, es wird immer wärmer.“

Mathematik hat auch etwas mit Sortieren zu tun. Lassen Sie sich von Ihrem Kind helfen Wäsche oder Besteck zu sortieren usw. Legen Sie gemeinsam Muschel- und Steinsammlungen an und sortieren Sie sie nach Größe, Form oder Farbe. Auch Muster zu unterscheiden schult das mathematische Verständnis. Reden Sie also ständig über Formen. Malen Sie mit Klebstoff ein Muster auf Papier und streuen Sie

Sand darauf. Ihr Kind wird die Muster schnell erkennen, weil Sie mehrere Sinne gleichzeitig ansprechen. Sie können dasselbe mit Zahlen machen und sie etwa auf seinen Rücken schreiben.

Erst wenn es versteht, dass zwei eine Menge ist, sollten Sie es an Zahlen heranführen. Das tun Sie am besten mit Zahlenkarten, die auf einer Seite die entsprechende Anzahl Noppen haben und auf deren Rückseiten die Ziffern geschrieben stehen. Ihr Kind kann so die Noppen zählen und sein Ergebnis überprüfen.

Wenn es die Zahlen kennt, spielen Sie „Kaufladen“ oder einfache Brettspiele wie *Ludo*. Auch *Domino* ist als Übung gut geeignet.

Formen fühlen

Was tun?

Ihr Kind soll die Namen von Formen lernen, indem es sie erfühlt.

Geben Sie ihm einfache Gegenstände, die rund (Plätzchen, Glasdeckel), quadratisch (Plätzchen, Deckel einer Schachtel) und dreieckig (gefaltete Serviette, zugeschnittenes Butterbrot) sind. Lassen Sie Ihr Kind die Formen erfühlen, während Sie ihm erklären, was es ist. Vertiefen Sie dann das Gelernte mit den drei Lernschritten.

Wie dies Ihrem Kind beim Lernen hilft

Ihr Kind lernt schneller, wenn Sie mehr als nur einen Sinn ansprechen und das „Muskelgedächtnis" aktivieren.

Der besondere Tipp

Fangen Sie ganz einfach an: „Das ist ein Dreieck. Das ist ein Quadrat." Dann erzählen Sie langsam mehr: „Ein Dreieck hat drei Seiten."

Und noch etwas!

Gehen Sie allmählich zu anderen Formen über: Rechtecke, Achtecke und die verschiedenen Formen von Dreiecken.

Das Größte-und-kleinste-Spiel

Was tun?

Machen Sie ein Spiel daraus, die größten und kleinsten Gegenstände in und um Ihr Haus herum zu finden. Sie können zum Beipiel Ihr Kind bitten, das größte und kleinste Buch im Haus zu finden, das größte und kleinste Bild, Fenster, den größten und kleinsten Stuhl, Topf, Teller oder draußen den größten und kleinsten Baum, Stein usw.

Wie dies Ihrem Kind beim Lernen hilft

Mit dieser Übung fördern Sie die Beobachtungsgabe Ihres Kindes und sie hilft ihm, Gegenstände nach Größen zu sortieren – eine weitere Grundlage für Mathematik.

Der besondere Tipp

Dieses Spiel eignet sich auch für Kinderfeste. Drucken Sie vorher eine Liste aus. Das erste Kind, das sie richtig ausgefüllt hat, gewinnt einen Preis.

Und noch etwas!

Nach den größten und kleinsten Dingen können Sie mit Steigerungen beginnen: „groß, größer am größten" usw.

Formenjagd

Was tun?

Schlagen Sie auf Spaziergängen vor: „Wie viele Dreiecke kannst du sehen? Wie viele Kreise (zum Beispiel auf Straßenschildern oder Autoreifen)?"

Im Haus zeichnen Sie auf ein weißes Blatt Papier die Formen wie nebenstehend gezeigt. Ihr Kind macht dann einen Strich für jede gefundene der vorgegebenen Formen.

Wie dies Ihrem Kind beim Lernen hilft

In dieser Übung werden Formen nicht nur erkannt, sondern auch gezählt. Jeweils vier Striche mit dem fünften Strich durchzustreichen ist eine gute Vorübung für römische Zahlen.

Der besondere Tipp

Führen Sie später auch komplexere Formen ein, zum Beispiel Fünfecke, Sechsecke und Achtecke.

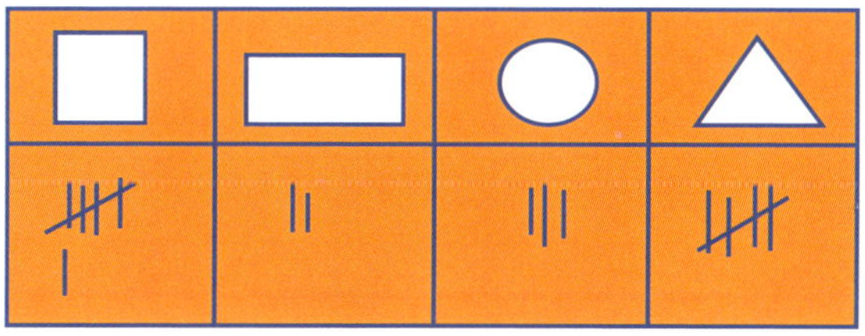

Domino

Was tun?

Dominosteine eignen sich gut zum Rechnen. Sie können große Steine kaufen oder selbst welche aus weißen, 10 x 5 cm großen Karten anfertigen. Zeichnen Sie die Mittellinie ein und malen Sie einfache dicke Punke in jedes Quadrat: 1 + 2, 2 + 3, 2 + 2, 3 + 3 und so weiter.

Drehen Sie die Karten mit den Punkten nach unten und machen Sie gleich große Stapel. Dann dreht abwechselnd jeder Spieler eine Karte um und schaut, ob er an eines der Enden dieselbe Punktzahl anlegen kann. Wenn nicht, muss die Karte behalten werden, bis sie passt. Der erste Spieler, der keine Karten mehr hat, hat gewonnen. Sie können auch nach Karten suchen, die auf beiden Quadraten zusammen eine bestimmte Zahl ergeben.

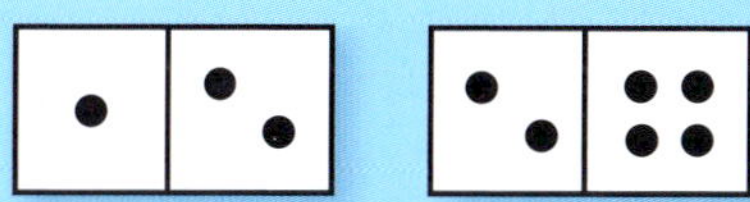

Wie dies Ihrem Kind beim Lernen hilft

Eine ausgezeichnete Übung, Punktbilder mit bestimmten Zahlen zu verbinden.

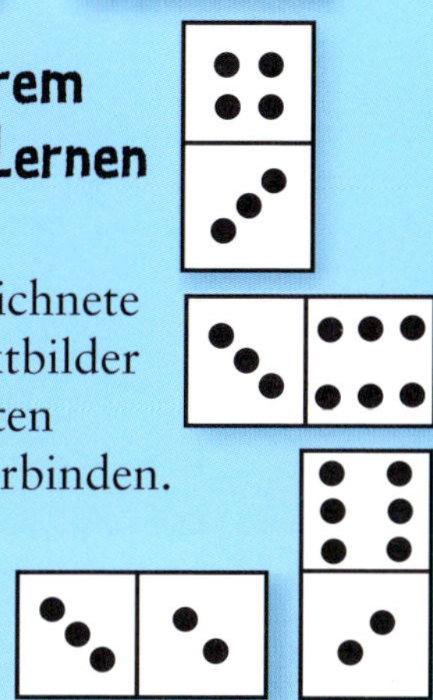

Der besondere Tipp

Sagen Sie immer laut die Zahlen, wenn Sie die Karten umdrehen, damit Ihr Kind sich an die Zahlen und Punktbilder gewöhnt. „Das ist eine Drei und eine Vier."

Und noch etwas!

Für viele Kinder wird Rechnen erst durch Geld logisch. Geben Sie ihm Taschengeld und helfen Sie ihm, damit umzugehen.

Alles wiegen

Was tun?

Fragen Sie Ihr Kind, was mehr wiegt: ein Pfund Butter oder ein Pfund Zucker. Holen Sie die Waage heraus. Was ist schwerer, eine Orange oder eine Kartoffel? Welcher Apfel ist am leichtesten? Wie viel schwerer ist eine Kartoffel im Vergleich zur Weintraube? Welches Gemüse ist am schwersten? Wie schwer ist der Teddybär?

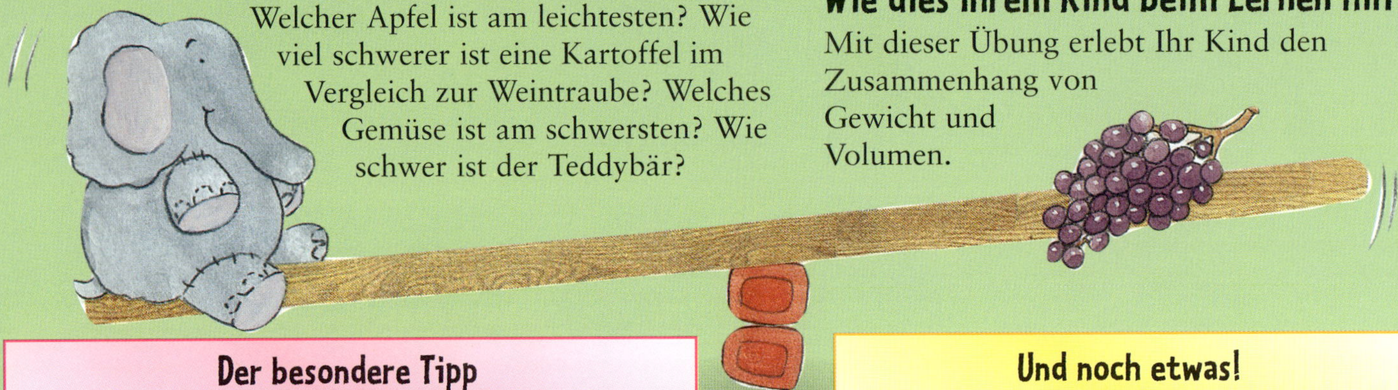

Wiegen Sie viele Dinge und tragen Sie alle Ergebnisse zum Vergleich in eine Liste ein.

Wie dies Ihrem Kind beim Lernen hilft

Mit dieser Übung erlebt Ihr Kind den Zusammenhang von Gewicht und Volumen.

Der besondere Tipp

Kinder unter vier Jahren glauben, dass größere Dinge auch schwerer sind. Danach sind sie für Beweise des Gegenteils offen.

Und noch etwas!

Kinder unter vier Jahren glauben, dass ein großes dünnes Glas mehr Wasser fasst als ein kleines dickes mit dem gleichen Volumen.

Echtes und gespieltes Einkaufen

Was tun?

Im Alter von drei und vier Jahren spielen Kinder gerne Einkaufen. Es gibt heute Plastikkassen, Spielgeld, Preisschilder und kleine Verpackungen für den Kinderkaufladen. Das sind ideale Geschenke zum dritten Geburtstag. Sie können natürlich auch Ihre eigenen leeren Verpackungen nehmen und eigene Preisschilder machen.

Beim echten Einkaufen reden Sie mit Ihrem Kind über die Preise. Erklären Sie ihm, warum Sie was kaufen, warum Erdbeeren im Winter teurer sind und was gerade günstig ist.

Wie dies Ihrem Kind beim Lernen hilft

Beim Einkaufen kann Ihr Kind lernen, dass es im Umgang mit Geld rechnen muss – und lernt so, mit Taschengeld umzugehen.

Der besondere Tipp

Lassen Sie Ihr Kind für sein Eis bezahlen, damit es versteht, wofür es Geld gibt. So lernt es, mit Wechselgeld umzugehen.

Und noch etwas!

Zeigen Sie Ihrem Kind, dass z. B. zwei Ein-Cent-Münzen den gleichen Wert haben wie eine Zwei-Cent-Münze.

Teilen lernen

Was tun?

Falten Sie Papierservietten auf die Hälfte und dann auf ein Viertel. Dann schneiden Sie Bilder in Hälften und Viertel.

Als nächstes teilen Sie eine Pizza oder einen Kuchen. Die Pizza spricht gleich mehrere Sinne an, vor allem, wenn Sie sie selbst backen und dabei über die Zutaten, Kräuter und Aromen reden.

Früchte wie Melonen, Kürbisse oder Ananas lassen sich gut in Hälften, Viertel und Achtel teilen.

Wie dies Ihrem Kind beim Lernen hilft

Bei diesem lebensnahen Rechnen lernt ein Kind schnell, dass vier Viertel halbiert acht Achtel ergeben, weil 2 x 4 = 8.

Der besondere Tipp

Teilen Sie Kartoffeln, Möhren und Brotscheiben. Falten und schneiden Sie Papier und malen Sie die Teile verschieden an. Fast alle Lebensmittel kann man teilen.

Und noch etwas!

Mit Schokoladentafeln kann man Brüche besonders gut zeigen – und richtige Ergebnisse gleich aufessen!

Bingo

Was tun?

Um sicher zu gehen, dass Ihr Kind die Zahlen von 1 bis 100 beherrscht, spielen Sie mit ihm Bingo. Jeder Spieler hat eine Karte mit einer kleinen Auswahl von Zahlen und ein paar Jetons. Der Spielführer zieht jeweils eine Zahl aus einem Behälter mit Murmeln oder Karten, die von 1 bis 100 nummeriert sind. Jeder Spieler legt einen Jeton auf die Zahl auf seiner Karte, die aufgerufen wurde. Der erste Spieler mit einer vollen Karte gewinnt.

Wie dies Ihrem Kind beim Lernen hilft

Selbst kleine Kinder lernen mit Bingo schnell die Zahlen von 1 bis 100. Es ist auch ein gutes Konzentrationsspiel.

Basteln Sie Ihr eigenes Bingo

So basteln Sie Ihr eigenes Familienbingo:

1. Teilen Sie einen 30 x 30 cm großen Karton in 100 Quadrate auf: 10 Kolonnen mit jeweils 10 Zahlen. Nummerieren Sie sie von 1 bis 100.
2. Stellen Sie einen genauso eingeteilten Karton mit 100 Jetons her.
3. Teilen Sie zehn 12,5 x 10 cm große Karten in zwanzig Felder ein (vier Reihen mit je fünf Zahlen) und wählen Sie aufs Geratewohl 20 Zahlen aus.
4. Jeder Spieler bekommt 20 Jetons.

Der besondere Tipp

Wenn Sie mit einem kleineren Kind Bingo spielen, sollte ihm ein Erwachsener bei den ersten paar Spielen zur Seite stehen.

Und noch etwas!

Sie können die Spielregeln variieren, indem der Gewinner des nächsten Spiels nur eine senkrechte oder waagerechte Linie braucht.

Addieren mit Karten

Was tun?

Legen Sie Karte 1 zusammen mit einer Hand voll Jetons oder Münzen auf den Tisch. Legen Sie zwei Jetons in das eine und einen in das andere Feld. Fragen Sie: „Wie viele sind in diesem und wie viele sind in dem anderen Feld? Wie viele sind das zusammen? Richtig. 2 und 1 macht 3.“ Dann legen Sie alle in ein Feld. Mit der Zeit wird Ihr Kind erkennen, dass 5 + 4 genauso viel ist wie 6 + 3, 7 + 2 usw. Sie können die Jetons auch beliebig auf das Gitter werfen, das wirkt dann mehr wie ein Spiel.

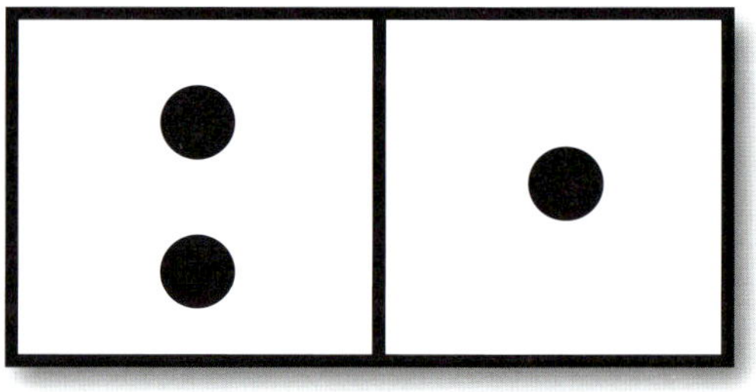

Karte

Wie dies Ihrem Kind beim Lernen hilft

So wird Rechnen körperlich und real. Je mehr Sie ein Spiel daraus machen, desto mehr Freude hat Ihr Kind daran.

Der besondere Tipp

Ihr Kind soll verstehen, dass 1 + 2 genauso 3 ergibt wie 2 + 1. Lassen Sie es wirklich physisch zählen, indem es dabei jeden Jeton anfasst.

Und noch etwas!

Wenn Ihr Kind alle Additionen bis 10 beherrscht, nehmen Sie Jetons weg. Legen Sie z. B. 5 Jetons in ein Feld und davon dann einen in das andere. „5 weniger 1 sind …?“

Addieren und Dividieren mit Karten

Was tun?

Fangen Sie mit sechs Jetons an. Ihr Kind soll sie zählen. Dann verteilen Sie sie auf die Felder (Abb. 1). Fragen Sie, wie viele Jetons in jedem Feld sind. Antwort: 3, 2 und 1.

Sagen Sie: „Richtig – also 3 plus 2 plus 1 ist 6. Wie können wir die 6 (oder 8 oder 10) Jetons noch anders aufteilen?“

Abb. 1

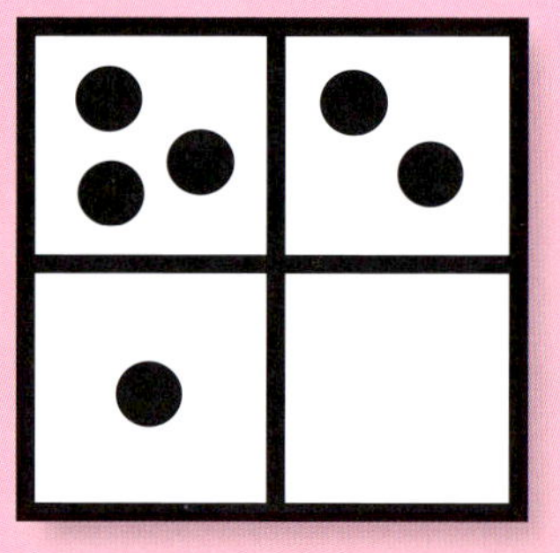

Abb. 2

Karten

Wie dies Ihrem Kind beim Lernen hilft

Ihr Kind begreift das Konzept, dass jede Zahl aus vielen anderen Zahlen besteht.

Der besondere Tipp

Bleiben Sie lange beim Addieren und Subtrahieren, bevor Sie langsam beginnen auf dieselbe einfache Art zu dividieren.

Und noch etwas!

Nehmen Sie 4 Jetons, legen Sie je 2 in 2 Felder (Abb. 2). Sagen Sie: „Wir haben mit 4 Jetons angefangen. Dann haben wir sie auf 2 Felder aufgeteilt. Wir sagen dazu 4 geteilt durch 2 ist 2.“ Wiederholen Sie das auch mit anderen Kombinationen von 6, 8, 9, 10.

Kartenschlachten

Was tun?

Nehmen Sie aus einem Satz Spielkarten die Bildkarten heraus und teilen Sie ihn in zwei Stapel. Jeder Spieler hat einen verdeckt vor sich liegen. Beide Spieler drehen gleichzeitig die oberste Karte um und zählen die Punkte der beiden Karten zusammen. Der erste, der das Ergebnis nennt, hat gewonnen. Fangen Sie mit Einsen, Zweien und Dreien an. Lassen Sie die Addition nur bis zehn gehen, bis Ihr Kind wirklich sicher ist.

Wie dies Ihrem Kind beim Lernen hilft

Ihr Kind lernt, Zahlenwerte schnell zu erkennen.

Der besondere Tipp

Varianten: Lassen Sie Ihr Kind die Karten einer Farbe von 1 bis 10 sortieren. Oder ziehen Sie eine Karte aus dem Stapel – welche kommt davor und danach?

Und noch etwas!

Wenn Sie es schwieriger gestalten wollen (Alter 5+), müssen die Spieler die niedrigeren Zahlen von den höheren abziehen.

Rechnen mit Lebensmitteln

Was tun?

Lebensmittel sind ideale Hilfsmittel zur Einführung von Rechenkonzepten. Drei Vorschläge:

Das Mehr-oder-weniger-Spiel

a. Ich habe 4 Bonbons, du hast 2. Hast du mehr oder weniger als ich?

b. Wir hatten 10 Bonbons, 3 haben wir gegessen. Haben wir jetzt mehr oder weniger als am Anfang?

c. Ich habe 4 Kartoffeln auf dem Teller, du hast 3. Wenn wir sie zusammen auf einen Teller legen, sind es dann mehr oder weniger als 4?

Der besondere Tipp

Bei ganz kleinen Kindern fangen Sie mit Büchern an, die viele Bilder haben. Dann kann Ihr Kind die Antworten visuell finden.

Und noch etwas!

Wenn es Ihrem Kind schwer fällt, die Fragen zu beantworten, legen Sie sie ihm in den Mund: „Ich glaube, dass ... Was meinst du?“

Verrückte Speisekarten

Was tun?

Schreiben Sie eine verrückte und lustige Speisekarte auf eine Wandtafel oder auf Papier. Malen Sie die Speisen, wenn Ihr Kind noch nicht alles lesen kann.

Geben Sie ihm einige 1-Cent-Münzen und nehmen Sie die Bestellung auf. Wie viel kostet das? Hat das Kind genug Geld, um es zu bezahlen?

Wie dies Ihrem Kind beim Lernen hilft

Solche Übungen machen Spaß und zeigen, wofür man rechnen können muss.

Der besondere Tipp

Gehen Sie langsam zu größeren Münzen über (2c, 5c, 10c, 20c and 50c), wenn Ihr Kind damit klar kommt. So lernt es, wie Geld funktioniert.

Und noch etwas!

Erfinden Sie eine Geschichte von verrückten Leuten, die im Restaurant abscheuliches Esses bestellen.

Muster erforschen

Was tun?

Legen Sie Muster mit Jetons (wie in Abb. 1). Fragen Sie: „Was ist das für ein Muster? Wie muss die nächste Reihe aussehen?“ Spielen Sie das Spiel mit Säulen aus 2, 4, 6, 8 usw. Jetons und fragen Sie immer: „Wie muss die nächste Reihe aussehen?“

Legen Sie dann Muster, aus denen subtrahiert wurde wie in Abb. 2 und machen Sie auch dabei mit 2er- und 3er-Schritten weiter wie in Abb. 3.

Wie dies Ihrem Kind beim Lernen hilft

Es erkennt, dass Zahlen bestimmten Mustern folgen, die interessant sind und Spaß machen.

Der besondere Tipp

Schreiben Sie auf eine Wandtafel ein Muster mit ausgeschriebenen Zahlen.

Spaß mit der Stoppuhr

Was tun?

- Wie viele Sprünge/Purzelbäume kann man in einer Minute machen? Lassen Sie Ihr Kind erst schätzen. Vergleichen Sie das Ergebnis mit der Schätzung.
- Wie lange braucht man, um ein Klettergerüst hochzuklettern, einen Eimer mit Wasser zu füllen, seinen Namen zu schreiben usw.? Immer erst schätzen und das Ergebnis damit vergleichen.
- Wie lange schwebt eine Feder, bis sie auf den Boden fällt? Ein Blatt Papier? Ein Stein?
- Wie viele Dinge kannst du in drei Minuten machen? „Alle meine Entchen“ singen? Wie weit zählen? Das Alphabet von A bis K schreiben?

Wie dies Ihrem Kind beim Lernen hilft

Zählen und Übungen für das Zeitverständnis können viel Spaß machen und sind sehr wichtig.

Der besondere Tipp

Gewöhnen Sie Ihr Kind daran, immer wieder zu schätzen. Es wird mit der Zeit immer genauer werden.

Und noch etwas!

Lassen Sie Ihr Kind mit Hilfe einer Eieruhr schätzen, wie viel Zeit verstrichen ist und zeigen Sie ihm dann den Zeitraum auf der Uhr.

Zehner und Einer

Was tun?

Teilen Sie eine Leiste wie auf der Abbildung in 10 Abschnitte ein.

1. Lassen Sie sich die 10 Einheiten vorzählen.
2. Stellen Sie eine weitere 10er-Leiste daneben und fragen Sie Ihr Kind, wie viele Einheiten es nun sind.
3. Schreiben Sie 20 auf ein Blatt Papier, hängen es neben die Leisten und sagen Sie, dass 20 aus 2 Zehnern besteht.
4. Dann stellen Sie eine kurze Leiste mit nur einer Einheit daneben und fragen nach der neuen Summe. Schreiben Sie 21 auf ein Blatt Papier. Machen Sie so lange weiter, bis Ihr Kind das Prinzip verstanden hat.

Wie dies Ihrem Kind beim Lernen hilft

Diese Übung hilft Ihrem Kind, mit Einern und Zehnern zu rechnen.

Der besondere Tipp

An anderen Tagen können Sie Jetons, Popcorn oder Rosinen in 10er-Gruppen einteilen.

Und noch etwas!

Zählen Sie bei jeder Gelegenheit mit Ihrem Kind in Zehnerschritten von 10 bis 100 – und wieder zurück.

Zahlenspiele

Was tun?

Machen Sie Zahlenspiele zu einem selbstverständlichen Bestandteil jeden Tages:

Vorwärts und Rückwärts

Dies Spiel wird wie Tennis gespielt. Ein Spieler fängt an zu zählen – der nächste zählt 1 dazu oder zieht 1 von der letzten Zahl ab. (Beispiel A). Sie können auch 2 oder 3 (Bespiel B) addieren oder subtrahieren.

Wie dies Ihrem Kind beim Lernen hilft

Gute Mathematikschüler müssen Addition und Subtraktion wie im Schlaf beherrschen.

A **1,** 2, **3,** 4, **5,** 6, **7,** 8, **7,** 8, **9,** 8, **9,** 10, **9,** 10, **11** . . .

B **1,** 4, **7,** 10, **7,** 10, **13,** 16 . . .

Der besondere Tipp

Additon oder Subtraktion von 10 ist eine gute Einführung in das Dezimalsystem.

Und noch etwas!

Am Anfang kann es eine Hilfe sein, die Zahlen von 0 bis 20 auf ein Blatt Papier zu schreiben.

Tiere addieren

Was tun?

Es geht darum, etwas Lustiges und doch Reales zu addieren. Lassen Sie Ihr Kind die Beine von Tieren addieren – zum Beispiel die eines Vogels und die eines Tintenfisches.

Antwort: 10

Wie dies Ihrem Kind beim Lernen hilft

Kinder lieben Spiele, die mit Tieren zu tun haben. Bei dieser Aktivität lernt Ihr Kind, dass Rechnen nicht abstrakt ist, sondern sehr wohl etwas mit der Realität zu tun hat.

Andere Beispiele:

Wie viele Beine haben insgesamt:

ein Pferd und ein Vogel	Antwort: 4 + 2 = 6
ein Hund und eine Katze?	Antwort: 4 + 4 = 8
ein Vogel und eine Spinne?	Antwort: 2 + 8 = 10
eine Biene und eine Katze?	Antwort: 6 + 4 = 10
drei Vögel und eine Kuh?	Antwort: 2 + 2 + 2 + 4 = 10

Der besondere Tipp

Bitten Sie Ihr Kind, Strichfiguren zu malen. Das unterstützt das visuelle Denken. Lassen Sie es selbst Tiere vorschlagen.

Und noch etwas!

Sie können aus den Additonen auch kleine Lieder machen.

Alles messen!

Was tun?

Hängen Sie einen großen weißen Karton mit den Maßen Ihres Kindes an die Wand – Größe, die Länge der Beine, Arme, Finger und Füße, Spannweite der Hand, Umfang von Brust und Taille, der Oberschenkel, des Kopfes und des Halses.

Vergleichen Sie die Maße mit denen anderer Familienmitglieder und Maßen im Haus: Türbreite, Schrank- Stuhl- und Tischhöhe.

Variante: Sie können auch einen Stift als Maßeinheit nehmen: „Wie viele Bleistiftlängen hat die Tür, der Arm, das Auto?"

Wie dies Ihrem Kind beim Lernen hilft

Wie alle anderen Dinge auch lassen sich Messungen am einfachsten erlernen, wenn sie mit dem Kind selbst zu tun haben.

Der besondere Tipp

Dekorieren Sie die Maßtabelle mit den Hand- und Fußumrissen oder -abdrücken des Kindes.

Und noch etwas!

Benutzen Sie Maßbänder und Lineale, um vorzuführen, wie man misst.

Auf der Straße zählen

Was tun?

Wenn Ihr Kind zweistellige Zahlen kennt, machen Sie es auch auf Spaziergängen immer und überall darauf aufmerksam. Gehen Sie auf der Straßenseite mit den geraden Hausnummern entlang und auf der mit den ungeraden wieder zurück.

Wenn Ihr Haus die Nummer 4 hat, zeigen Sie Ihrem Kind, dass das nächste Haus die Nummer 6 hat und danach die 8 kommt. Lassen Sie es immer raten, welche Hausnummer die nächste ist, bevor es die Bestätigung sieht.

Wie dies Ihrem Kind beim Lernen hilft

Eine ausgezeichnete Einführung in gerade und ungerade Zahlen.

Der besondere Tipp

Gewöhnen Sie Ihr Kind an das Berechnen der Quersummen: 20 wird 2+0=2 und 22 wird 2+2= 4.

Und noch etwas!

Rückwärts zählen ist eine gute Übung für die Subtraktion.

Punkt- und Zahlenkarten

Was tun?

Fertigen Sie Karten mit Zahlen, Punkten und Rechensymbolen an oder benutzen Sie die Kopiervorlagen im Anhang. Sie machen Ihr Kind bereits mit der Methode vertraut, die es in der Schule lernen wird. Sie können zum Beispiel – wie hier abgebildet – eine Vier-Punkte-Karte und eine Drei-Punkte-Karte hinlegen und sagen „4 + 3 = 7“. Ihr Kind soll dies wiederholen und **die Punkte zur Bestätigung zählen.**

Lassen Sie das „+“ und das „=“ liegen. Machen Sie ein Spiel daraus, die Punktkarten auszutauschen und die Karte mit der richtigen Antwort zu finden. Wenn Ihr Kind die richtige Summe gefunden hat, drehen Sie die Karten um, damit die Ziffern erscheinen. Wenn Ihr Kind soweit ist, spielen Sie nur noch mit den Zahlenkarten. Es kann das Ergebnis immer durch Zählen der Punkte auf der Rückseite überprüfen.

4 + 3 = 7

Der besondere Tipp

Wenn Ihr Kind diese Art zu addieren beherrscht, können Sie ihm zeigen, dass eine Summe immer gleich ist, egal in welcher Reihenfolge die Zahlen liegen.

Und noch etwas!

Sortieren Sie die Karten nach Zahlen, Plus-, Minus- und Gleichzeichen und stellen Sie Ihre eigenen Rechnungen zusammen.

Zählwettbewerbe

Was tun?

Forden Sie Ihr Kind zu einem Dino-Wettbewerb: „Ich wette, ich kann öfter ‚Tyrannosaurus’ sagen, während du von 0 bis 20 zählst, als du, während ich von 20 bis 0 rückwärts zähle.“
Wenn Ihr Kind die Wette annimmt, schreiben Sie die Zahlen von 0 bis 20 von links nach rechts auf einen Streifen Papier. Während es zählt, machen Sie eine Strichliste für jeden „Tyrannosaurus“, den Sie sagen. Dann tauschen Sie die Rollen.

Wie dies Ihrem Kind beim Lernen hilft

Es übt das Zählen und macht sich mit der Reihenfolge der Zahlen vertraut.

Der besondere Tipp

Ihr Kind soll vorschlagen, was es zählen will. Zählen Sie immer auch rückwärts.

Und noch etwas!

Es gibt beliebig viele Variationen von diesem Spiel:

1. Wie viele Zahlen kannst du von 1 an schreiben, während ich von 32 rückwärts bis 11 zähle?
2. Wie viele Schritte kannst du rückwärts gehen, während ich von 50 bis 100 zähle?
3. Wie viele Jetons kannst du in einen Hut werfen, während ich von 38 bis 18 zähle?

Tauschen Sie danach die Rollen.

Kreativität

„Keine Familie ist so arm, als dass sie nicht den Fernseher ausstellen und miteinander reden könnte.“

Reverend Jesse Jackson

Kreativität

Das 21. Jahrhundert verlangt von unseren Kindern viel Kreativität. Unmengen von Informationen sind für jeden im Internet einfach zugänglich. Menschen, die diese Informationen logisch analysieren und neue Schlüsse daraus ziehen können, werden anderen gegenüber im Vorteil sein.
Darum fördern und unterstützen Sie den natürlichen Einfallsreichtum Ihres Kindes. Es profitiert dann ein Leben lang davon. In den ersten sieben Lebensjahren werden die Grundlagen dafür gelegt, ob ein Kind kreativ, erfindungsreich und bereit ist, Dinge zu hinterfragen und sie mit anderen Augen zu sehen. Kreativität wird in allen Bereichen gebraucht, nicht nur in der Musik, in der Kunst oder beim Schreiben, sondern auch beim Kochen, im Garten, beim Erfinden neuer Produkte und Technologien und auch dabei, bereits Vertrautes mit ganz neuen Augen zu sehen. Dafür braucht Ihr Kind eigentlich nur eine Umgebung, die seine Vorstellungskraft und Fantasie stärkt:

- Regelmäßige Erkundung der Landschaft.
- Gemeinsames Basteln mit alten Kartons, leeren Papprollen, Bechern, Holzstücken.

- Aktivieren Sie in Spielen die Sinne für Gerüche, Farben, Geschmäcker und Strukturen.
- Künstlerische Aktivitäten sollten sich nicht nur auf Malbücher beschränken. Mit Fingerfarben ist viel mehr möglich.
- Unterstützen Sie Verkleidungs- und Rollenspiele, bei denen im Fantasierestaurant Stofftiere gefüttert werden, in der Fantasieschule dem Teddybären das Rechnen beigebracht oder in Fantasiegeschäften Geld gezählt wird. Lassen Sie Ihr Kind Zugführer, Tierarzt, Detektiv, U-Boot-Kapitän, Krankenschwester oder Bauer spielen.
- Sprechen Sie die Sinne auch mit Wörtern an: Grün kann tannen-, flaschen-, gras- oder olivgrün sein. So fördern Sie sprachliche Kreativität.

Ein Kind, dessen Eltern viel nach dem Warum und Wie fragen („Wenn wir das so machen, was passiert dann?“) lernt ein ideales Denkmuster.

Kunstkiste

Sie brauchen zur Förderung der künstlerischen Kreativität kein Vermögen auszugeben. Ihrem Kind macht es mehr Spaß, Ferngläser, Raketen oder Marionetten aus Papierrollen selbst herzustellen als mit teuren „fertigen“ Spielzeugen zu spielen. Hier einige Anregungen, was in eine richtige Kunstkiste gehört:

Aufkleber	Filz	Knöpfe	Pappbecher	Steine, kleine
Alubehälter	Garn	Kreide	Pappteller	Stempel
Alufolie	Glasdeckel	Krepppapier	Perlen	Stempelkissen
Bänder	Glitzerklebstoff	Kronkorken	Pfeifenreiniger	Stoffreste
Bindfaden	Glitzerstaub	Lederstreifen	Plastikbehälter	Streichhölzer
Bohnen	Grußkarten	Linsen	Plastiktuben	(gebraucht)
Büroklammern	Holzstücke	Luftschlangen	Sand	Strohhalme
Dübel	Illustrierte	Milchtüten	Sandpapier	Tapetenreste
Eierschachteln	Kacheln	Münzen	Schachteln	Wäscheklammern
Eisstiele	Kerzen	Muscheln	Schnüre	Watte
Faden	Klebeband	Nudeln	Schnürsenkel	Weinkorken
Federn	Klebstoff	Pailletten	Schwamm	Zahnstocher
Filmdosen	Knetmasse	Papierrollen	Seifen zum Schnitzen	und vieles mehr

Stoffbilder

Was tun?

Heben Sie Stoffreste auf. Bitten Sie Ihr Kind ab und zu, daraus Bilder zu machen, d. h. Formen aus Stoff zu schneiden und sie auf einen großen Karton zu kleben.

Fragen Sie zuerst: „Was können wir mit diesen schönen Farben machen?“ Wenn Ihr Kind keine Idee hat, machen Sie Vorschläge: „Was hältst du von einem Clown oder einem Kaninchen? Was passt besser?“ Dann helfen Sie ihm beim Ausschneiden. Fangen Sie mit der größten Form an.

Wie dies Ihrem Kind beim Lernen hilft

Es entwickelt den oft vernachlässigten Tastsinn und fördert Kreativität.

Der besondere Tipp

Die Schere sollte abgerundet sein. Der Leimtopf sollte einen Deckel mit Loch haben, durch das nur der Pinsel passt, und eine Unterlage, um die Tropfen aufzufangen.

Und noch etwas!

Schlagen Sie vor, auch Garn, Bänder und Wollreste zu verarbeiten, auch wenn Sie vielleicht beim Aufkleben helfen müssen.

Kreatives Essen

Was tun?

Ermuntern Sie Ihr Kind, beim Dekorieren der Mahlzeiten eigene Ideen einzubringen. Fangen Sie damit an, Butterbrote mit Gesichtern zu belegen: Weintrauben oder gefüllte Oliven als Augen, gezackte Möhrenscheiben oder Tomaten als Mund und Petersilie als Haare.

Auch andere Gemüsesorten eignen sich gut: Möhren- oder Kartoffelscheiben können Räder sein, und wenn Sie Frühlingszwiebeln längs einritzen und in Wasser legen, sehen sie aus wie Palmen. Entwickeln Sie gemeinsam neue Bilder und Modelle.

Wie dies Ihrem Kind beim Lernen hilft

Kreativität wird entwickelt, indem bekannte Elemente neu zusammengesetzt werden.

Der besondere Tipp

Machen Sie eine Liste von Gerichten, die Ihre Familie gerne isst, und überlegen mit Ihrem Kind, wie Sie sie anders gestalten können.

Und noch etwas!

Beteiligen Sie Ihr Kind regelmäßig am Kochen. Dabei kann es Addieren, Subtrahieren und Maßeinheiten lernen.

Malen und Co.!

Was tun?

Pinsel sind nur für den Anfang ausreichend. Verwenden Sie auch:

Hände: Mit Fingerfarben kann man auf Papier schmieren, malen und Abdrücke machen.

Gemüse: Schneiden Sie aus Kartoffeln oder anderem Gemüse glatte Flächen aus und benutzen Sie sie als Stempel.

Deoroller: Füllen Sie leere Deoroller mit Farbe, die dann auf trockenes oder nasses Papier aufgerollt wird.

Tropfflaschen: Füllen Sie sie mit Farbe, die das Kind dann auf trockenes oder nasses Papier tropft.

Ihr Kind: Zeichnen Sie den Umriss Ihres Kindes zum Ausmalen auf die Rückseite einer Tapete.

Leuchtfarbe: Mischen Sie einen Teil Leuchtfarbpulver mit zwei Teilen Lösemittel und zwei Teilen Wasser.

Salzstreuer: Füllen Sie ihn mit Farbpuder, Salz oder Glitzerstaub für besondere Effekte (Löcher in einem Glasdeckel tun es auch).

Der besondere Tipp

Kleben Sie bunte Weltkarten auf einen festen Karton und schneiden Sie die Kontinente wie ein Puzzle aus.

Und noch etwas!

Bemalen Sie Steine, Tannenzapfen und Eicheln. Machen Sie eine Skulptur aus Ästen oder aus Modelliermasse.

Gipsfiguren

Was tun?

Suchen Sie in Baumärkten, Geschäften für Haushaltswaren oder im Bastelbedarf Förmchen für Kekse, Süßigkeiten oder Gartenornamente zusammen. Mischen Sie 2 Teile Gips (aus dem Baumarkt) mit einem Teil Wasser.

Füllen Sie die Formen, lassen Sie sie etwa eine Stunde ruhen und nehmen Sie die Figuren heraus. Ihr Kind kann sie dann mit Wasserfarben anmalen – sofort oder nach dem Trocknen.

Wie dies Ihrem Kind beim Lernen hilft

Fördert die Kreativität und künstlerische Fähigkeiten.

Der besondere Tipp

Aus kleinen Formen kann man Anhänger oder Verzierungen machen. Wenn der Gips hart ist, können Sie Löcher durchbohren und ein Band durchziehen.

Und noch etwas!

Halten Sie die Augen offen für neue Gussformen wie Dinosaurier, Tiere und Comicfiguren.

Collagen aus der Natur

Was tun?

Verwandeln Sie Ausflüge an den Strand oder in den Wald in kreative Abenteuer. Sammeln Sie Muscheln, Treibholz, Steine, Eicheln, Samen, Federn, Blätter, Zweige und Gräser. Daheim nehmen Sie eine große Pappe oder Tonkarton als Grundlage und überlegen gemeinsam, was man aus den Schätzen machen kann: einen Regenbogen, einen Fisch, einen Pfauenschwanz oder einen Fantasiebaum?

Lassen Sie Ihr Kind in Ruhe kombinieren. Helfen Sie beim Kleben.

Wie dies Ihrem Kind beim Lernen hilft

Beobachten und Sortieren sind wissenschaftliche Tätigkeiten.

Der besondere Tipp

Besonders dekorativ sind Collagen aus getrockneten Früchten und aus Erbsen, Bohnen, Reis, Kräutern, Nudeln und Gewürzen.

Und noch etwas!

Das fertige Kunstwerk muss an einem geeigneten Ort aufgehängt werden, damit alle es bewundern können. Und ein Foto für die Nachwelt machen!

Mit Gedanken zaubern

Was tun?

Fragen Sie Ihr Kind, ob es mit Gedanken zaubern möchte, und erklären Sie ihm, dass man in Gedanken alles erschaffen kann, was man möchte. Schlagen Sie vor, dass Sie beide ein neues Tier erfinden, indem Sie die Merkmale verschiedener Tiere miteinander kombinieren, zum Beispiel eine Katze mit Geweih, einen Hund mit Flügeln, einen Elefanten mit Zebrastreifen usw.

Sie können auch zu zweit oder zu mehreren zaubern, indem ein Kind etwas vorschlägt und die anderen es malen. Welche Vorteile hat das neue Tier?

Wie dies Ihrem Kind beim Lernen hilft

Das Spiel aktiviert sehr viel Kreativität.

Der besondere Tipp

Wenn Kinder dieses Spiel mögen, spielen Sie es regelmäßig mit immer neuen Kategorien: Autos, Gebäude, Spielzeuge.

Und noch etwas!

Nach der Erfindung neuer Tiere spielen Sie mit frei erfundenen Fabelwesen.

Collagen aus Formen

Was tun?

Sie nehmen farbenfrohes Papier aus der Kunstkiste – etwa Geschenkpapier – und schneiden Quadrate, Kreise, Dreiecke, Rechtecke, Sterne und Ovale aus. Geben Sie dem Kind Tonkarton und Klebstoff und bitten Sie es, seine eigene Collage zu machen. Machen Sie Vorschläge oder fragen Sie es, ob es daraus vielleicht einen Baum, ein Gesicht, ein Haus, einen Garten, eine Blume usw. machen möchte.

Wie dies Ihrem Kind beim Lernen hilft

Das Kind lernt verwandte Größen und Farbkombinationen kennen und entwickelt feinmotorische Fähigkeiten.

Der besondere Tipp

Als Alternative können Sie die Formen auf Pappteller kleben, an einer Schnur aufhängen oder Masken daraus machen.

Und noch etwas!

Reden Sie mit Ihrem Kind darüber, dass fast alles im Leben aus diesen Formen besteht: Fenster, Türen, Räder, Zelte, Dächer, usw..

Der Hindernislauf

Was tun?

Sie können mit Möbeln (auch Gartenmöbeln) einen Irrgarten bauen. Bauen Sie ihn so auf, dass nur Kinder hindurchkriechen können. Fangen Sie mit Stühlen, Tischen, Kartons oder Schläuchen an. Bauen sie alles ein, was den Weg schwierig oder lustig gestaltet, wie gespannte Seile zum Durchbücken oder Eimer, die den Weg verengen und nicht umgestoßen werden dürfen.

Wie dies Ihrem Kind beim Lernen hilft

Klettern, Kriechen und Bücken bilden den Gleichgewichtssinn und die Koordinierung des Körpers aus. Das Spiel fördert also auch die Sinne.

Der besondere Tipp

Etwas ältere Kinder können dabei auch noch ein mit Wasser gefülltes Glas tragen ohne etwas zu verschütten oder ohne beide Hände zum Tragen zu benutzen.

Und noch etwas!

Wenn mehrere Kinder mitspielen, können Sie mit der Stoppuhr das schnellste herausfinden und sie zu Bestzeiten anspornen.

Bauen Sie eine Stadt

Was tun?

Lassen Sie Ihr Kind eine Spielstadt aus Milchtüten, Cornflakeschachteln und anderen Kartons bauen. Sie können auch eigene Ziegel brennen, indem Sie Erde mit Mehl und Wasser mischen, Steine daraus formen und im Backofen backen.

Die Gebäude können aus Schachteln oder Ziegeln, Holzhäuser aus Zweigen und Straßen aus Schlamm oder Sand bestehen. Milchtüten eignen sich für Häuser mit schrägen Dächern, Jogurtbecher für Fantasiedächer. Ältere Kinder können auf Pappe den Straßenverlauf mit Parkplätzen und einem Einkaufszentrum entwerfen.

Wie dies Ihrem Kind beim Lernen hilft

Die Spielstadt fördert die Kreativität und räumlich-visuelle Fähigkeiten.

Der besondere Tipp

Spielzeugautos, Legomodelle, Rasenflächen aus grünem Filz, Bäume aus Zweigen und Büsche aus gefärbter Watte beleben die Stadt.

Und noch etwas!

Mit selbst gebrannten Ziegeln kann man Brücken, Mauern, Garagen, Dämme oder sogar die chinesische Mauer bauen.

Visuelles Denken

Was tun?

Ermuntern Sie Ihr Kind, eine einfache Karte von einer Schatzinsel, einem Garten usw. zu malen – eine weitere Möglichkeit, aus Formen Zeichnungen zu machen:

Punkt		wird zum Auge	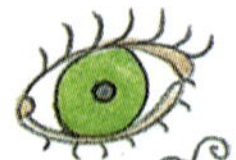	zur Zielscheibe		zu was noch?
Quadrat		wird zum Haus		zur Schachtel	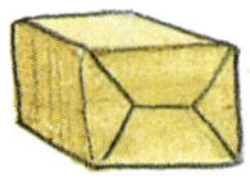	zu was noch?
Oval		wird zum Löffel	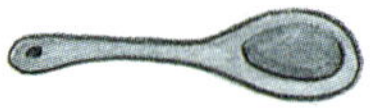	zur Maus		zu was noch?

Wie dies Ihrem Kind beim Lernen hilft

Wenn man mit Bildern und Diagrammen umgehen kann, hilft das auch andere Probleme zu lösen.

Der besondere Tipp

Haben Sie immer Papier und Buntstifte zur Hand und machen Sie das Spiel regelmäßig an einer Wandtafel.

Und noch etwas!

Malen Sie einfache Formen (Kreis) und fragen Sie Ihr Kind, wie viele Dinge es daraus machen kann (Sonne, Blume).

Das Gartentheater

Was tun?

Theateraufführungen und Konzerte im Garten machen viel Spaß, besonders wenn man Freunde dazu einläd. Die Kinder können ihre eigene Handlung erfinden und Kostüme aus alter Kleidung zusammenstellen. Der Vorhang kann aus Laken an einer Wäscheleine bestehen. Kinder tragen auch gern Lieder und Gedichte vor und freuen sich, wenn die Erwachsenen mitmachen.

Wie dies Ihrem Kind beim Lernen hilft

Das Theater aktiviert die Kreativität und steigert das Selbstvertrauen in der Öffentlichkeit zu reden.

Der besondere Tipp

Schlagen Sie nur ein Thema vor, wenn Sie darum gebeten werden. Auch kleine Kinder haben meist schon sehr kreative Ideen.

Und noch etwas!

Schenken Sie der Darbietung bis zum Schluss Ihre ungeteilte Aufmerksamkeit!

Denkfähigkeit

„Kinder sind Reisende in einem unbekannten Land und wir sind ihre Reiseleiter."
Robert Fisher

Denkfähigkeit

Es ist erstaunlich, dass Kinder in der Schule nur selten lernen, durch logisches Denken Probleme zu lösen oder richtige Entscheidungen zu treffen. Dabei ist das besonders wichtig. Sie sind also wahrscheinlich die einzige Chance für Ihr Kind, zu einem logischen und kreativen Denker zu werden. Sie müssen ihm diesen Weg bewusst ebnen.

Erklären sie laut, wie Sie ein Problem lösen

Als Erwachsener denkt man meist still für sich. Sie müssen sich also selbst daran erinnern, das Kind bei Entscheidungsfindungen an Ihren Gedanken teilhaben zu lassen, damit es einem Beispiel folgen kann. Kinder lernen durch Beobachten, Zuhören und Nachmachen. Bitten Sie Ihr Kind, selbst auch darüber zu reden, wie es ein Problem lösen will. In diesem Buch finden Sie viele Ideen, aber wenn das Kind erlebt, wie zu Hause über alles nachgedacht wird, wird es selbst Probleme ebenso angehen.

Denken Sie viel laut nach

- Fragen Sie sich immer wieder laut: „Wie wäre es, wenn wir das so machen?“ oder: „Angenommen wir versuchen das?“ Denker ziehen immer viele Möglichkeiten in Betracht.
- Fragen Sie oft: „Warum?“ „Warum fällt die Erde nicht runter, wenn sie so schwer ist?“ „Warum hat Papa blaue Augen und du braune?“ (Es ist nicht schlimm, wenn Sie selbst die Atwort auch nicht wissen. So kann Ihr Kind erleben, wie Sie nachforschen um sie zu finden.)
- Erfindungen sollten nicht nur in Museen bestaunt werden. Denken Sie laut darüber nach, wie Ihr Leben heute ohne sie aussehen würde. Reden Sie auch über Erfinder wie Thomas Edison und welche Ausdauer sie für ihren Erfolg brauchten.
- Spekulieren Sie laut: „Wie können wir herausfinden, ob Tiere denken können?“ „Wie wiegt man einen Elefanten?“ „Wie funktioniert ein Magnet?“ „Wie wächst eine Blume?“ “Warum müssen wir essen?“ „Wie kommt das Wasser in den Wasserhahn?“

Bitten Sie Ihr Kind erst immer selbst nachzudenken

Wenn Ihr Kind etwas fragt, fragen Sie zurück: „Was meinst du denn dazu?" Denn Denken lernt man durch Denken. Lassen Sie es also erst selbst nachdenken. Wenn sie immer sofort antworten, lernt es, dass Probleme nur von anderen gelöst werden können anstatt sich auf sich selbst zu verlassen.

Ermuntern Sie Ihr Kind, Fragen zu stellen

Loben Sie Ihr Kind, wenn es eine Frage stellt: „Das ist eine gute Frage. Ich mag es, wenn du fragst." Unterstützen Sie Ihr Kind darin, sich eine eigene Meinung zu bilden: „War das ein guter Film?" „War der besser als der letzte, den wir gesehen haben?" „Warum?" „Ist der Wolf bei den *Drei kleinen Schweinchen* böse, oder ist er ein ganz normaler Wolf?" Beteiligen Sie Ihr Kind an Entscheidungen, welche die ganze Familie betreffen. Bitten Sie es um seine Meinung und darum, sie auch zu begründen.

Machen Sie Fernsehen zu einem interaktiven Erlebnis

Wenn Ihr Kind ferngesehen hat, fragen Sie anschließend: „Worum ging es denn in dem Film?" „Warum glaubst du, hat der ... das so gemacht?" „Wie hätte die Geschichte auch anders enden können?" „Möchtest du mehr über ... wissen?" Mit anderen Worten:

Schalten Sie das Gehirn ein, wenn der Fernseher ausgeschaltet ist! Denken Sie immer daran: Bis Ihr Kind die Schule verlässt, wird es etwa 22.000 Stunden vor dem Fernseher und nur 11.000 Stunden in der Schule verbracht haben. Das Hauptproblem bei zu viel Fernsehen ist, dass die Kinder nur eine vereinfachte Sprache lernen und sich dadurch kein großes Vokabular aneignen können. Außerdem ist es eine passive Beschäftigung, die nur wenig Denken erfordert. Untersuchungen haben ergeben, dass es die Aufnahmefähigkeit von Kindern einschränken kann.

Unterstützen Sie Sammlungen

Egal ob Ihr Kind Steine, Muscheln oder Blätter sammelt, es entwickelt dabei seine Beobachtungsgabe. Es lernt außerdem, über Unterschiede und Ähnlichkeiten nachzudenken.

Helfen Sie Ihrem Kind, auch andere Standpunkte zu sehen

Kinder sehen sich selbst als Mittelpunkt der Welt. Sie müssen also lernen, sich in jemand anderen hineinzuversetzen:

- Wenn er im Iglu oder Zelt lebt
- Wenn er Busfahrer, Künstler oder Seemann ist
- Wenn er kein Essen und kein Zuhause hat.
- Wie hat sich Aschenputtel gefühlt, als ihre Schwestern zum Ball gingen?

Denkspiele

Spielen sie Spiele, zu denen Vorstellungskraft benötigt wird. Fast die Hälfte des Gehirns wird aktiviert, wenn man sich Bilder vorstellt. Je mehr Sie Ihrem Kind dabei helfen, sich Dinge vorzustellen, desto besser wird es später Informationen speichern können. Bitten Sie es also, sich seine Spielsachen vorzustellen und zu beschreiben, während Sie im Auto unterwegs sind – oder Omas Haustür oder das gestrige Mittagessen.

Viele Ideen entwickeln

Wenn es bei einem Spiel beliebig viele Antworten gibt, wie bei „Wie viele verschiedene Vögel kennen wir?", geben Sie sich nicht mit den einfachen Antworten zufrieden. Bohren Sie weiter und fragen Sie nach Seevögeln, um auf den Albatros, den Kormoran, die Möwe und den Pinguin zu kommen.

Kreative Menschen haben nicht unbedingt die besseren Ideen, aber sie haben meist mehrere auf einmal.

Benutzen Sie häufig Lexika und Nachschlagewerke. Zeigen Sie Ihrem Kind, wie es Anworten auf eigene Fragen findet. Arbeiten Sie mit Denkzetteln und Listen, damit es den Vorteil systematischen Vorgehens erlebt.

Setzen Sie Ziele

Setzen Sie Ziele und teilen Sie den Weg dorthin in kleine, machbare Schritte auf. So erlebt Ihr Kind, wie man vernünftig plant.

Wie brüllt ein Leopard?

Kannst du wie eine Ballerina tanzen?

Was fehlt deinem Hasen?

Ich denke an ...

Was tun?

Man denkt an ein Objekt und beschreibt es: „Ich denke an ein Tier, das hüpft und im Teich lebt.“ (Frosch) Man kann auch den Buchstaben nennen, mit dem es beginnt: „Ich denke an ein Wort, das mit ‚S‘ anfängt und gefrorener Regen ist.“ (Schnee)

„Ich denke an ein Tier, das fliegt, mit dem Kopf nach unten hängt und in Höhlen lebt.“ (Fledermaus)

Wie dies Ihrem Kind beim Lernen hilft

Es hilft Ihrem Kind, Dinge voneinander abzuleiten und zu klassifizieren.

Der besondere Tipp

Fangen Sie einfach an Ihrem Kind die Grundidee zu vermitteln und dehnen Sie das Spiel dann auf Körperteile, Nahrung, Lebensräume usw. aus.

Und noch etwas!

Dieses Spiel bietet unendlich viele Möglichkeiten. Man kann an Helden in Geschichten, berühmte Menschen und Orte denken.

Vorhersagen

Was tun?

Fragen Sie Ihr Kind häufig, was als nächstes passiert: „Was wäre jetzt logisch?“ „Heute soll es kalt werden. Was solltest du heute wohl anziehen?“ „Das riecht gut. Was gibt es zum Mittagessen?“ „Oma kommt zum Abendessen. Für wie viele Personen müssen wir dann den Tisch decken?“ „Wie wird dieser Film wohl enden?“

Schauen Sie sich gemeinsam Bilder in einem Buch oder einer Illustrierten an und fragen: „Was glaubst du, ist vorher passiert? Und was wird danach geschehen?“

Wie dies Ihrem Kind beim Lernen hilft

Ihr Kind lernt seine Gedanken zu kontrollieren.

Der besondere Tipp

Stellen sie Was-ist-wenn-Fragen: „ ... die Aufführung um zwei Uhr beginnt und wir eine Stunde für den Weg brauchen? Wann müssen wir losfahren?“

Und noch etwas!

Wenn Sie eine Geschichte vorlesen, machen Sie Pausen und fragen: „Wie geht die Geschichte aus? Was passiert wohl als nächstes?“

Das ist eine Art von ...

Was tun?

Fangen Sie mit einem Beispiel an: „Die Kartoffel ist eine Art von ... ." Warten Sie auf die Antwort, die „Gemüse" sein sollte. Sagt Ihr Kind „Lebensmittel", dann ist das auch richtig und Sie können über die verschiedenen Antworten diskutieren. Beginnen Sie das Spiel, indem Sie die Kategorie vorgeben: „Das Kaninchen ist eine Art von Tier. Was ist der Spatz?"

Wie dies Ihrem Kind beim Lernen hilft

Sie helfen Ihrem Kind, Kategorien zu verstehen und logisch zu gruppieren.

Ein paar Vorschläge:

Rock	Kleidung
Flugzeug	Transportmittel
Rosa	Farbe
Rind	Tier
Gold	Metall
Tennis	Sport
Trompete	Musikinstrument
Orange	Obst oder Farbe

Der besondere Tipp

Sie können auch fragen: „Wie viele Dinge kannst du in einer Zoohandlung (Schreibwarenhandlung, beim Metzger, im Schuhgeschäft) kaufen?"

Und noch etwas!

Später können Sie nach Berufen, Währungen, Ländern, Möbeln, Insekten, Reptilien, Pflanzen usw. fragen.

Was folgt?

Was tun?

Legen Sie Streichhölzer wie abgebildet auf den Fußboden und fragen: „Was folgt?"

Sie können das Spiel auch mit anderen Zahlen oder Buchstabenmustern spielen:

12, 23, 34, 45

Was folgt?

AAA B AAA B AAA B

Was folgt?

Wie dies Ihrem Kind beim Lernen hilft

Ihr Kind entwickelt logische Denkmuster.

Der besondere Tipp

Spielen Sie das Spiel auch mit anderen Gegenständen: Knöpfe, Buntstifte, Spielkarten usw.

Und noch etwas!

Sie können auch mit geometrischen Formen spielen.

Anweisungen folgen

Was tun?

Geben Sie Ihrem Kind einen Stift und ein Blatt Papier und geben Sie Anweisungen, was es malen oder schreiben soll:

a. Zeichne ein Quadrat in die Mitte des Blatts.
b. Ziehe eine senkrechte Linie durch die Mitte des Quadrats.
c. Schreibe ein „a“ in die linke Hälfte des Quadrats.
d. Schreibe ein „p“ in die rechte Hälfte.
e. Male einen Kreis unter das Quadrat.
f. Male ein Männchen über das Quadrat.

Wie dies Ihrem Kind beim Lernen hilft

Ihr Kind lernt, dass es wichtig ist zuzuhören und Anweisungen korrekt auszuführen.

Der besondere Tipp

Verlangen Sie zu Beginn der Übung nicht zu viel auf einmal. Das könnte Ihr Kind verwirren. Warten Sie damit, bis ihm dieses Spiel Spaß macht.

Und noch etwas!

Sie können die Rollen vertauschen. Lassen Sie Ihr Kind Anweisungen geben. Sie folgen ihnen und überprüfen gemeinsam die Richtigkeit.

Gegensätze und Paare

Was tun?

Fangen Sie an mit: „Das Gegenteil von ‚weiß’ ist ‚schwarz’, das Gegenteil von ‚groß’ ist ‚klein’. Was ist das Gegenteil von ‚Frau’?“(Mann).

Paarbildung

Suchen Sie nach Begriffen, die immer zusammen auftauchen, wie auf der unteren Liste.

Wie dies Ihrem Kind beim Lernen hilft

Das Kind lernt Vorsilben: **un**- (freundlich/**un**freundlich, gerecht/**un**gerecht) oder **ent**- (färben/**ent**färben) oder **miss**- (verstehen/**miss**verstehen).

Der besondere Tipp

Bei Zahlenkombinationen können Sie den Ball aufticken lassen, z. B. 1 plus 1 ist 2 (Ball), 2 plus 1 ist 3 (Ball), 3 plus 1 ist 4 (Ball).

Gegensätze

ruhig/laut	**Sommer**/Winter
voll/leer	**oben**/unten
Nacht/Tag	**Freund**/Feind
innen/außen	**alt**/neu
arbeiten/spielen	**Vater**/Mutter
weich/hart	**tief**/flach

Paare

Tasse und (Teller)	König und (Königin)
Nadel und (Faden)	Bleistift und (Papier)
rauf und (runter)	Wasser und (Seife)
stehen und (gehen)	Bruder und (Schwester)
Nacht und (Tag)	Frau und (Mann)
Brot und (Butter)	Blitz und (Donner)

Rätsel des Tages

Was tun?

Geben Sie Ihrem Kind jeden Tag ein logisches Rätsel auf: „Was ist weiß und nass und passt zu Cornflakes?“ oder: „Was schnurrt und kratzt und mag Milch?“ In jedem Fall helfen Sie ihm mit Hinweisen, die richtige Antwort zu finden. Bitten Sie es, sich die Lösung vorzustellen oder zu malen. Fangen Sie mit einfachen Rätseln an und fragen Sie Ihr Kind, wie es auf die Antwort gekommen ist.

Ein paar einfache Rätsel

„Ich reise unter Wasser, bin aber kein Fisch. Ich transportiere Menschen und mein Name fängt mit ‚U‘ an.“ Die richtige Antwort „Unterseeboot“ kann man nur durch logisches Denken finden.

„Die meisten Häuser werden mit mir gebaut. Normalerweise bin ich rot und mein Name hört mit ‚n‘ auf.“ (Ziegelstein)

„Ich stehe ruhig am Straßenrand und wechsle oft meine Farbe. Ich kann sogar Autos anhalten.“ (Ampel)

„Ich habe zwei Ärmel, und man trägt mich viel. Manchmal bin ich aus Wolle.“ (Pullover)

„Ich bin ein Tätigkeitswort und mein erster Buchstabe ist ein ‚f‘. Du machst das, wenn dir jemand einen Ball zuwirft.“ (fangen)

„Ich fange mit einem ‚T‘ an und höre mit einem ‚e‘ auf. Manche Menschen gehen über mich weg, wenn sie ins Bett gehen.“ (Treppe)

„Du kannst mich nicht sehen, aber du kannst mich fühlen, wenn ich blase. Mein Anfangsbuchstabe ist ein ‚W‘.“ (Wind)

„Ich werde nass, wenn du trocken wirst, fange mit ‚H‘ an und höre mit ‚h‘ auf.“ (Handtuch)

„Alle Pflanzen brauchen mich. Ich fange mit ‚R‘ an und höre mit ‚n‘ auf.“ (Regen)

„Im Winter schlafe ich und wenn ich wach bin, mag ich Honig.“ (Bär)

„Ich fange mit einem ‚B‘ an und du kannst mit mir schreiben.“ (Bleistift)

Variieren Sie die Kombination von Hinweisen, wie Reime, Anfangs- oder Endbuchstaben usw.

Wie dies Ihrem Kind beim Lernen hilft

Das Spiel schult logisches und wissenschaftliches Denken und erweitert den Wortschatz.

Der besondere Tipp

Versuchen Sie es auch mit Reimrätseln: „Der Hahn kräht, die Mutter ...(näht). Der Bär brummt, die Biene ... (summt).“

Und noch etwas!

Rätsel können auch „Wer bin ich?“ fragen: „Ich schnurre, wenn es mir gut geht, und ich kratze, wenn es mir schlecht geht. Wer bin ich?“

Was passt nicht?

Was tun?

Stellen Sie vier Begriffe zusammen, von denen einer nicht in die Gruppe passt: Spatz, Eule, Möwe, Hase. Schreiben Sie die Begriffe auf oder sagen Sie sie Ihrem Kind. Es muss den Begriff finden, der nicht passt. Wenn es die Antwort nicht weiß, dann helfen Sie ihm: „Der Spatz ist ein Vogel, die Eule auch und der Hase?“. Dann machen Sie mit der nächsten Gruppe weiter.

Wie dies Ihrem Kind beim Lernen hilft

Um sich zu entwickeln und zu urteilen, muss man Gleichheiten und Unterschiede erkennen können.

Der besondere Tipp

Erklären Sie immer, wie Ihr Kind oder Sie selbst auf die Antwort kommen. So lernt es logisches Denken.

Geeignete Gruppen:

Trompete, Geige, Hammer, Trommel.
Gehen, rennen, hüpfen, denken.
Hut, Mantel, Schal, Unterhose.

Pferd, Kuh, Ameise, Schwein.
Boot, Schiff, Zug, Kanu.
Fisch, Krebs, Vogel, Hai.
Haus, Auto, Iglu, Schloss.
Polizist, Lehrer, Zugführer, Tafel.
1, 3, 5, 4.

Der Planet von ES

Was tun?

Erklären Sie, dass es in diesem Spiel um einen

neuen Planeten mit Namen ES geht. Dort gibt es lustige Kreaturen, wie zum Beispiel die Ocks (zeichnen Sie 3 einfache Wesen mit Hörnern) und andere, die keine Ocks sind. Zeichnen Sie 3 noch einfachere Wesen ohne Hörner, sagen aber nicht, wodurch sich die beiden

unterscheiden. Zeichnen Sie weitere 6 Fantasiewesen, drei mit und drei ohne Hörner, und fragen Sie Ihr Kind, welche dieses Mal die Ocks sind. Sie können die Wesen auch mit 4 und 2 Beinen, mit und ohne Nase, mit und ohne Schwanz malen.

Wie dies Ihrem Kind beim Lernen hilft

Die Fähigkeit, gemeinsame Merkmale zu erkennen, ist die Grundlage für systematisches, analytisches Denken.

Der besondere Tipp

Sagen Sie Ihrem Kind, dass es auf Unterschiede und Gemeinsamkeiten achten muss.

Und noch etwas!

Wenn Sie vorlesen oder mit Ihrem Kind reden, sprechen Sie immer von **Merkmalen:** Alle Säugetiere füttern ihre Jungen mit Milch.

Tatsache oder Meinung?

Was tun?

Erklären Sie Ihrem Kind den Unterschied zwischen Tatsachen (allgemeine und objektiv anerkannte Wahrheiten) und Meinungen (was man persönlich glaubt, was aber nicht unbedingt stimmen muss), z.B.:

Regen fällt vom Himmel – TATSACHE.
Morgen wird es regnen – MEINUNG.

Machen Sie ein Spiel daraus, eigene Meinungen von Tatsachen zu unterscheiden.

Tatsache – Ich mag *Die Sendung mit der Maus*.
Meinung – *Die Sendung mit der Maus* ist die beste Kindersendung.

Der besondere Tipp
Sie können ähnliche Spiele mit „Wahrheit" gegen „Lüge" spielen.

Wie dies Ihrem Kind beim Lernen hilft

Ihr Kind lernt, zwischen Tatsachen und persönlichen Meinungen zu unterscheiden.

Tatsache	Meinung
Die Fliege ist ein Insekt.	Die Fliege ist das ekligste Insekt.
Hunde haben 4 Beine.	Hunde sind die besten Haustiere.
Eis ist kalt.	Eis ist der leckerste Nachtisch.
Kühe geben Milch.	Milch schmeckt besser als Saft.
Berlin ist die Hauptstadt von Deutschland	Berlin ist schöner als Paris.
Fußball ist ein beliebter Sport	Fußball ist spannender als Basketball.

Sortieren

Was tun?

Denken Sie sich vier Dinge aus, die Sie in eine Reihenfolge bringen können, z. B. nach der Höhe, dem Gewicht oder dem Alter. Bitten Sie Ihr Kind, Sie zu sortieren – nachdem Sie sie durcheinander gebracht haben.

Der besondere Tipp
Beginnen Sie mit einfachen Konzepten (Alter, Größe).

Ein paar Vorschläge:
Erwachsener, Baby, Kind, Teenager (Alter)
Hundert, Zehn, Fünf, Tausend (Zahlen)
Katze, Maus, Giraffe, Esel (Größe)
Weizen, Brot, Teig, Mehl (Stufen)
Eiche, Holz, Eichel, Möbel (Stufen)
Kieselstein, Sand, Fels, Berg (Größe)
Woche, Stunde, Tag, Jahr (Zeitdauer)
Hundehütte, Garage, Haus, Schloss (Größe)

Und noch etwas!
Später können Sie nach komplexeren Merkmalen fragen wie nach dem Wert einer Sache oder Größe der Bevölkerung.

Musik

„Musik ist die Autobahn
unseres Gedächtnisses."

Terry Wyler und Douglas Webb

Accelerated Learning with Music

Musik

Keine Sprache der Welt ist so universell wie die der Musik. Wenn Ihr Kind früh vielen verschiedenen Arten von Musik – einschließlich traditioneller, klassischer und moderner – und Gesang aus vielen unterschiedlichen Kulturen ausgesetzt wird, hat es die besten Chancen, eine hohe musikalische Intelligenz zu entwickeln. Zuhören will auch gelernt sein: Sowohl das Zuhören wie auch musikalische Fähigkeiten sind eng mit der Entwicklung des kindlichen Gehirns verbunden. Das Leben ist andauernde Organisation und Interpretation von Mustern. Den Anfang machen Bewegungsmuster. Ebenfalls sehr früh, ab etwa fünf Monaten vor der Geburt, beginnt das kindliche Gehirn seine Fähigkeit zum Verarbeiten von Geräuschen in Mustern anzulegen. Das Hörsystem ist schon vier Monate vor der Geburt nahezu komplett ausgebildet. Bewegung und Rythmus regen die Frontallappen des Gehirns an, die später für das Denken und Sprechen zuständig sind. Diese wachsen in den ersten sechs Lebensjahren enorm. Das Stimulieren der Frontallappen während dieser Jahre führt also zu einer soliden Grundlage für das Erkennen von Mustern und für flüssige Sprache.
Wissenschaftler haben eine Verbindung zwischen musikalischen und mathematischen Fähigkeiten

entdeckt. Beide schließen die Interpretation von Mustern ein. Wenn ein Mensch Noten liest oder ein Instrument spielt, sind die gleichen Hirnregionen wie beim Lösen einer Mathematikaufgabe aktiv. Kinder können ein absolutes Gehör entwickeln, wenn sie früh einer Bandbreite von Musik ausgesetzt werden und wenn ihnen beigebracht wird, wie man konzentriert zuhört.

Einführung von Musik

Tonleiter – Singen Sie die Tonsilben: do, re, mi, fa, so, la, si, do.
Ruhephasen – Lassen Sie Ihr Kind zur Musik tanzen und bei jeder Pause innehalten. Es lernt, dass Ruhephasen ein Teil der Musik sind.
Melodieerkennung – Summen Sie ein Lied oder singen Sie statt der Worte „la, la, la“. Kann Ihr Kind die Melodie erkennen? Oder halten Sie vor einem bestimmten Wort inne. Kann Ihr Kind das Wort erahnen? Vertauschen Sie die Rollen.
Wie viele Arten? – Nehmen Sie ein einfaches kurzes Lied. Auf wie viele Arten können Sie es singen? Leise, laut, schnell, langsam, geflüstert, hoch, tief ... Können Sie es summen und dabei klatschen oder den Rhythmus stampfen?
Rhythmus – Klopfen Sie einen Rhythmus auf Ihr Lenkrad. Kann Ihr Kind ihn nachmachen?
Bücherei – In Büchereien gibt es auch viele Kinderlieder aus anderen Ländern.

Bewegungslieder

Zehn kleine Zappelmänner

Nach der Melodie von „Zehn kleine Negerlein“ singen und spielen Sie Ihrem Kind die Strophen erst vor und machen dann nach jeder Strophe eine Pause, damit es die Bewegungen machen kann.

1. Zehn kleine Zappelmänner zappeln hin und her, zehn kleinen Zappelmännern fällt das gar nicht schwer.
   Mit allen zehn Fingern wackeln
2. ... zappeln auf und nieder, ... tun das immer wieder.
   Die Hände auf- und abbewegen
3. ... zappeln rund herum, ... die sind gar nicht dumm.
   Die Hände im Kreis bewegen
4. ... spielen mal Versteck, ... sind auf einmal weg
   Die Hände hinter dem Rücken verstecken

Wie dies Ihrem Kind beim Lernen hilft

Es lernt zuzuhören und den Text in Bewegung umzusetzen.

Variante für die Badewanne

1. Zehn kleine Wassermänner schwimmen auf dem See, der kleinste taucht bis auf den Grund und kitzelt dich am Zeh.

Finger ausstrecken und „schwimmen“ lassen, dann untertauchen und mit dem kleinen Finger am Zeh kitzeln.

2. ... schwimmen ganz allein, da kommt die schöne Wasserfee und kitzelt sie am Bein.

Finger schwimmen lassen, dann untertauchen und am Bein kitzeln.

2. ... ist es viel zu warm, sie springen aus dem Wasser raus und kitzeln dich am Arm.

Die untergetauchten Hände aus dem Wasser strecken und am Arm kitzeln.

Hausmusik

Was tun?

Füllen Sie je zwei Behälter (Salzstreuer oder kleine Gläser) mit verschiedenen Dingen, die beim Schütteln Geräusche verursachen: Sand, Reis, Muscheln, Erbsen usw. Bitten Sie Ihr Kind die Augen zu schließen, zuzuhören welches Glas Sie schütteln und das passende herauszufinden. Lassen Sie es die Behälter von laut nach leise sortieren. Spielen sie Ihrem Kind lateinamerikanische oder andere rhythmische Musik vor. Dazu soll es einen Behälter im Takt schütteln.

Wie dies Ihrem Kind beim Lernen hilft

Dieses Spiel schärft den Hörsinn.

Der besondere Tipp

Über einen Karton gespannte Gummibänder ergeben eine Gitarre, aus Flaschen kann man ein Xylophon und aus Dosen Trommeln basteln.

Und noch etwas!

Bei mehreren Kindern können Sie mit den „Rasseln“ eine ganze Band zusammenstellen – auch mit den selbst gebastelten Instrumenten.

Zuhören

Was tun?

Ein Spiel zum Schweigen: Setzen Sie sich mit Ihrem Kind ins Haus oder nach draußen und bitten Sie es Ihnen zu erzählen, welche Geräusche es hören kann. Sie können ihm auch auf einem Spaziergang aufgenommene Geräusche vorspielen.

Zusammenfassen: Wenn Sie mit Ihrem Kind reden, halten Sie manchmal inne und bitten Sie es zu wiederholen, was Sie gerade gesagt haben.

Instrumente erkennen: Ihr Kind soll beim Zuhören auf die Instrumente achten und sie erkennen. *Peter und der Wolf* und *Fantasia* eignen sich gut dafür.

Wie dies Ihrem Kind beim Lernen hilft

Gut zuzuhören ist für jeden Schüler wichtig.

Der besondere Tipp

Schlagen Sie Ihrem Kind vor, dass es eine Amsel, das Klingeln des Telefons, das Gurgeln eines Baches oder das Brüllen eines Tigers nachmacht.

Und noch etwas!

Wer kann am leisesten flüstern und wird immer noch vestanden?

Bewegung zur Musik

Was tun?

Wenn ein Kind erst einmal weiß, wie es im Rhythmus der Musik gehen und rennen kann, üben Sie das Tanzen mit ihm. Ermutigen Sie es, seinen Körper zu schwingen, zu drehen, zu strecken, zu beugen und auszubalancieren und zeigen Sie Ihrem Kind, wie man schnell oder langsam tanzt und mit der Bewegung Glück oder Traurigkeit ausdrücken kann. Sie können das auch vor dem Spiegel mit ihm üben.

Wie dies Ihrem Kind beim Lernen hilft

Damit helfen Sie Ihrem Kind, musikalische Fähigkeiten zu entwickeln, seine Muskeln zu stimulieren und sein „Muskelgedächtnis" zu trainieren. Ihr Kind lernt, sich bewusst zu bewegen.

Der besondere Tipp

Probieren Sie verschiedene Musikrichtungen zum Tanzen aus: Ballett, Jazz, Klassik, Rock, Blues oder andere Lieblingsmusik der Familie.

Und noch etwas!

Improvisieren Sie abwechselnd neue Arm- und Beinbewegungen, die alle nachmachen müssen.

Zur Musik zeichnen

Was tun?

Versorgen Sie Ihr Kind mit weißem Papier und farbigen Textmarkern und schlagen Sie vor, den Stift so zu bewegen, wie die Musik „erzählt". Betonen Sie, dass es nicht darum geht, ein Bild zu malen, sondern ein Muster zu malen, das zur Musik passt. Helfen Sie, die Stimmung der Musik aufzunehmen und sich von ihr tragen zu lassen.

Wie dies Ihrem Kind beim Lernen hilft

Mit dieser Übung helfen Sie Ihrem Kind, die Bewegung in der Musik zu erkennen und schätzen zu lernen.

Der besondere Tipp

Zeigen Sie, dass Musik und Gefühl zusammengehören: „Bei diesem Stück fühle ich mich gelb. Es macht mich zappelig und glücklich, aber dieses Stück ist traurig und fühlt sich dunkelblau an. Wie fühlt es sich für dich an?"

Und noch etwas!

Sie können Ihre Gefühle ebenfalls malen und mit denen Ihres Kindes vergleichen. In der nächsten Übung finden Sie passende Musik.

Musikauswahl

Was tun?

Sie können sich in Ihrer Bücherei eine große Auswahl von Musik ausleihen. Hier finden Sie einige Vorschläge.

Wie dies Ihrem Kind beim Lernen hilft

Die meisten Völker geben ihre Tradition und ihren Glauben durch Gesang und Tanz weiter. Je mehr Ihr Kind diese Musik kennen lernt, desto mehr wird es Unterschiede und Gemeinsamkeiten als Bereicherung des Lebens empfinden.

Der besondere Tipp

Fragen Sie Ihr Kind, woran es gerade denkt, wenn Sie gemeinsam Musik hören.

Stimmungsmusik

Die Ouvertüre von *WilhelmTell* – *Der Hummelflug* *Schwanensee* – Dvoráks *Largo* – Händels *Wassermusik* – Vivaldis *Vier Jahreszeiten* – Beethovens *Pastorale* und *Eroica* – *2001 Space Odyssey* – Chopins *Klavierkonzerte* – Mozarts *Kleine Nachtmusik*

sowie

International: The Dietrichson Global Village – Musik aus aller Welt.

Europa: Musik großer Komponisten wie: Bach, Beethoven, Brahms, Chopin, Händel, Haydn, Mendelssohn, Mozart, Prokofjew, Schubert, Tschaikovsky.

Opern: Kassetten und Videos der drei Tenöre Luciano Pavarotti, Placido Domingo und José Carreras.

Tanz: Walzer von Strauß, Gershwins *Ein Amerikaner in Paris*.

Entspannung: *Watermark* von Enya und *Deep Breakfast* von Ray Lynch.

Wissenschaft und Natur

„Die Gehirne von Kindern sind dazu programmiert, in der Umwelt nach Bedeutungsmustern zu suchen."

Robert Fisher

Projekte

Ihr Kind wird einen großen Vorsprung erlangen, wenn es früh die Grundlagen wissenschaftlichen Denkens lernt. Sie brauchen dafür nur ein paar Denkanstöße zu liefern, denn der Kern der Wissenschaft ist Neugier und Lust am Experimentieren – und darin sind Kinder von Natur aus gut. Ihr Kind denkt bereits wissenschaftlich, wenn es

- gut beobachten und auch kleine Dinge wie Insekten und ihm bisher unbekannte Blätter wahrnehmen kann.
- gut vergleichen und klassifizieren kann, d. h. Ähnlichkeiten mit und Unterschiede zwischen z. B. Ameisen, Spinnen und Käfern sehen kann.
- gerne experimentiert, um herauszufinden, warum beispielsweise manche Dinge schwimmen oder was ein Magnet bewirken kann.
- sich fragt, wie manche Dinge funktionieren und sie darum (mit Ihrer Erlaubnis) auseinanderbaut.
- sich über einen längeren Zeiraum für ein Thema wie Landwirtschaft, Dinosaurier, das Wetter usw. interessiert.

Schauen Sie sich diese Liste gut an. Was können Sie tun, um diese Interessen zu unterstützen? Am besten Sie hinterfragen und experimentieren selbst immer wieder: „Wir wollen uns das durch die Lupe ansehen." „Lass uns ausprobieren, wie sich das anfühlt (wie es schmeckt, riecht, aussieht)." Die Wissenschaft hinterfragt und die meisten Fragen fangen mit „Ich frage mich warum …" oder „Ich frage mich wie…" an. Dann wird nach der Antwort gesucht. Hier ein paar Fragen, die weitere nach sich ziehen:

Wissenschaftliche Projekte

- Ob Samen wohl in Wasser wächst oder braucht er Erde?
- Wie funktioniert ein Wasserhahn?
- Wenn Wasser kocht, wohin geht der Dampf? (schau dir mal die Fensterscheibe an)
- Wenn wir mit dem Atem einen Spiegel beschlagen können, heißt das, dass wir Wasser in uns haben?
- Geht die Sonne immer an der gleichen Stelle am Himmel auf?
- Sehen alle Bienen gleich aus? Wie finden sie nach Hause in den Stock?
- Was schwimmt – Haarklammer oder Korken? Liegt das an der Größe?
- Was passiert mit dem Benzin, mit dem wir das Auto betanken?

Junge Wissenschaftler brauchen Forschergeist und den Drang, alles erklären zu wollen.

Wissenschaftliche Magie

Mit einem guten Vergrößerungsglas und einem Magneten hat Ihr Kind schon zwei der besten Spielzeuge zur Hand. Mit dem Glas kann es seine Fingernägel, Haare, Poren und die Fingerabdrücke aller Familienmitglieder untersuchen und miteinander vergleichen. Geben Sie ihm auch Blätter, Holz oder Insekten oder lassen Sie es die Bestandteile einer Blume unter die Lupe nehmen: Stempel, Blütenstaub, Fruchtknoten. Zeigen Sie ihm, wo es nachschlagen kann.
Warum zieht ein Magnet manche Dinge an und andere nicht?

Wie dies Ihrem Kind beim Lernen hilft

Neugier ist die Grundlage jeder Wissenschaft. Legen Sie eine Metallschraube auf eine Karte und bewegen Sie sie mit einem Magneten unter der Karte. Machen Sie ein Spiel daraus.

Der besondere Tipp

Schreiben Sie gemeinsam Dinge auf, die magnetisch oder nicht magnetisch sind. Das ist die Grundlage einer Klassifizierung.

Und noch etwas!

Wenn Ihr Kind Interesse am Forschen hat, erwägen Sie ein Mikroskop zu kaufen. Nehmen Sie dann Proben aus Teichen und aus Erdböden.

Vertraut sein mit der Natur

Was tun?

Helfen Sie Ihrem Kind, sich an der Natur zu erfreuen, nicht nur auf Spaziergängen und an warmen Tagen im Garten, sondern grundsätzlich. Ermuntern Sie es, Zweige, Schneckenhäuser, ungewöhnliche Steine oder Blätter mit nach Hause zu nehmen.

Unterstützen Sie es, wenn es sich für Insekten interessiert, aber achten Sie darauf, dass es sie nicht verletzt, nach dem Motto: Schauen aber nicht anfassen. Regen Sie es an, das Gesehene zu zeichnen und anzumalen.

Wie es Ihrem Kind beim Lernen hilft

Das Wesen der Wissenschaft sind kreative Experimente. Diese Aktivitäten sollten das Interesse Ihres Kindes an seiner Umwelt wecken.

Der besondere Tipp

Mit einem Vergrößerungsglas oder Mikroskop eröffnet sich unter Baumrinden die winzige Welt der Käfer oder Tausendfüßler.

Und noch etwas!

Wenn Ihr Kind Freude an diesen Aktivitäten hat, kaufen Sie ihm einen Experimentierkasten.

Bauen

Was tun?

Stellen Sie Ihrem Kind Draht, Zange und Modelliermasse zur Verfügung und erklären Sie ihm, dass es den Draht in verschieden lange Stücke schneiden kann um damit zu bauen. Sie können ihm auch dabei helfen, zuerst einen Bauplan zu entwerfen.

Machen Sie sich gemeinsam Gedanken darüber, wie man die Konstruktion stabiler machen oder wie man eine Brücke oder einen Wolkenkratzer bauen kann. Vielleicht wollen Sie die Fassade mit Papier bespannen. Wie kann man die Stabilität testen? Mit Gewichten? Wie balanciert man das Gebilde aus?

Wie dies Ihrem Kind beim Lernen hilft

Es koordininiert Hände und Augen sowie logische und visuell-räumliche Intelligenz.

Der besondere Tipp

Statt Draht können Sie Ihrem Kind Büroklammern geben, die mit der Zange gerade gebogen werden können.

Und noch etwas!

Ist Ihr Kind noch nicht alt genug für Draht und Zange, nehmen Sie Pfeifenreiniger, Zahnstocher oder Strohhalme.

Schmetterlinge erforschen

Was tun?

- Sammeln Sie in einem Glas ein paar Raupen, geben Sie ihnen täglich etwas Wasser auf den Boden und füttern Sie sie mit Nesseln, Kohl und Sommerflieder. Im Herbst schlüpfen die Schmetterlinge, die Sie dann fliegen lassen.
- Malen Sie die Umrisse von zwei oder drei Schmetterlingen auf Papier. Geben Sie Ihrem Kind buntes Seidenpapier, um es auf die Flügel zu kleben. Sprühen sie etwas Wasser darüber, damit das Papier Falten wirft.
- Bitten Sie Ihr Kind, sich auf ein Blatt Papier zu stellen, ziehen Sie die Umrisse der leicht auseinandergestellten Füße nach, malen Sie den Körper mit Fühlern in die Mitte. Ihr Kind kann den Schmetterling bunt bemalen.

Wie dies Ihrem Kind beim Lernen hilft

Es verbindet Naturkunde mit visueller Kunst.

Der besondere Tipp

Es gibt auch Schmetterlingsgeschichten wie *Die kleine Raupe Nimmersatt* oder *Der goldene Hut* von Margita Orima.

Und noch etwas!

Schmetterlinge sind auch ein guter Einstieg für ein Gespräch über Ökologie.

Experimente mit Pflanzen

Was tun?

Versuchen Sie im Haus ein paar Pflanzen zu ziehen und mit ihnen zu experimentieren. Pflanzen Sie je eine Bohne in 6 Plastikbecher mit Erde. Die Bohne in Becher 1 begießen Sie einmal und die in Becher 2 zweimal täglich, die in Becher 3 nur einmal pro Woche. Becher 4 stellen Sie in eine dunkle Ecke, Becher 5 an einen sonnigen Platz und Becher 6 in den Kühlschrank. BegießenSie auch Becher 4, 5 und 6 regelmäßig. Bitten Sie Ihr Kind, jeden Becher zu kennzuzeichnen und alles aufzuschreiben.

Wie dies Ihrem Kind beim Lernen hilft

Ihr Kind lernt mit den Elementen umzugehen, die für Wachstum nötig sind.

Der besondere Tipp

In einem anderen Versuch geben Sie Sägespäne statt Erde in ein Glas. Begießen Sie die Pflanzen regelmäßig und schreiben Sie auf, was passiert.

Und noch etwas!

Legen Sie das „Auge" einer Kartoffel oder das oberste Stück einer Möhre mit etwas Wasser in eine flache Schale.

Die Natur ausspionieren

Was tun?

Bevor Sie gemeinsam einen Ausflug in die Natur machen, erstellen Sie eine Liste von Dingen, die Sie zu sehen erwarten. Auf einem Klemmbrett haken Sie so viele Erwartungen ab wie möglich.
Ihr Kind hat vielleicht eine Eiche, Tannenzapfen, Käfer, Schmetterlinge und eine Amsel erwartet und findet zusätzlich noch ein Spinnennetz.

Wie dies Ihrem Kind beim Lernen hilft

Ihr Kind wird motiviert zu lesen, sich zu konzentrieren, zu vermuten und systematisch zu beobachten.

Der besondere Tipp

Vergessen Sie die Wolken nicht – Erklären Sie die verschiedenen Formen und ihre Bedeutung. Notfalls leihen Sie sich erst ein Buch aus, um Einzelheiten nachzulesen.

Und noch etwas!

Suchen Sie nach Spuren, Nestern, nach von Kaninchen/Wild angefressener Rinde, nach (von Vögeln) zerbrochenen Schneckenhäusern.

Wie funktioniert der Körper?

Was tun?

Malen Sie die lebensgroßen Umrisse Ihres Kindes auf ein Stück Tapete. Zeichnen Sie Einzelheiten ein wie Gelenke und reden Sie darüber, welche Bewegungen durch Knöchel, Ellbogen und Knie möglich sind. Schauen Sie in ein Lexikon und zeichnen Sie ein paar Knochen und die wichtigsten Organe (Herz, Lunge, Leber, Magen) ein. Zeigen Sie, wo und wie man den Puls misst. Kleben Sie Daumen und Zeigefinger Ihrer Kindes mit Klebeband zusammen und bitten es, etwas aufzuheben. Reden Sie darüber, wie praktisch die Finger angeordnet sind und was wir alles damit machen können.

Wie dies Ihrem Kind beim Lernen hilft

Kinder lernen leichter, wenn sie etwas erst ausprobieren und danach darüber reden können.

Der besondere Tipp

Lassen Sie Ihr Kind mit geschlossenen Augen oder mit einer ölverschmierten Sonnenbrille laufen. Reden Sie darüber, wie man sich mit beeinträchtigter Sicht fühlt.

Und noch etwas!

Bedecken Sie die Ohren Ihres Kindes. Wie fühlt es sich, wenn es nichts hören kann? Reden Sie über die Gehörlosensprache.

Experimente mit Wasser

Was tun?

Leeren Sie eine Wasserflasche durch einen Trichter und schreiben Sie auf, wie lange es dauert. Wie könnte man den Wasserfluss verlangsamen? Mit einer Murmel? Mit Watte?

Welche Dinge schwimmen, welche sinken? Stellen Sie eine Tabelle über Vermutungen und Ergebnisse auf. Können Schwimmer die sinkenden Dinge tragen?

Was löst sich im Wasser auf? Probieren Sie es mit Sand, Zucker, Salz, Öl, Mehl, Papier, Kaffee usw. aus.

Gießen Sie etwas rote oder grüne Lebensmittelfarbe in ein Glas Wasser und stecken Sie eine Stange Sellerie oder eine Gänseblume hinein. Lassen Sie Ihr Kind voraussagen, was passiert.

Gehen Sie an einem heißen Tag mit einem Eimer Wasser und einer Bürste nach draußen und malen Sie „Wasserbilder“. Wohin geht das Wasser? Erklären Sie Ihrem Kind Verdunstung, Wolkenbildung und Regen.

Wie dies Ihrem Kind beim Lernen hilft

Nutzen Sie jede Gelegenheit für Experimente: Milchmixgetränke mit verschiedenen Zutaten, neue Rezepte, neue Spielmethoden.

Der besondere Tipp

Was passiert mit Zutaten, wenn man sie in Wasser erhitzt oder verquirlt? Löst sich mehr oder weniger davon auf? Warum?

Und noch etwas!

Wohin geht der Dampf aus dem Wasserkessel? Hauchen Sie einen Spiegel an. Heißt das, dass wir Wasser in uns haben?

Gedächtnis

„Wir sind, was wir immer wieder tun.
Darum ist Meisterschaft keine Errungenschaft,
sondern eine Gewohnheit."
Aristoteles

Gedächtnis und Konzentration

Die Fähigkeit Informationen zu speichern und abzurufen kann schon in jungen Jahren mit einfachen Mitteln entwickelt werden. Ein gutes Gedächtnis ist ein lebenswichtiger Baustein für Erfolg.

So entsteht ein gutes Gedächtnis:

Es ist leichter, etwas zu behalten, wenn man es mit vorhandenem Wissen assoziieren kann. Das Gehirn scheint sich durch Klassifizierungen selbst zu organisieren. Wenn wir also an Katzen denken, bringen wir sie automatisch mit Löwen, Tigern, Luchsen, Tatzen, Krallen, Schnurrhaaren usw. in Verbindung. Gewöhnen Sie Ihr Kind daran, die Verbindung zwischen den Dingen zu sehen.

Das Gehirn speichert Informationen am besten, wenn sie mit mehreren Sinnen verbunden sind.

Wir erinnern uns später leichter an einen Apfel, wenn wir ihn sehen, riechen, berühren, schmecken und essen können, während uns jemand seine Geschichte erzählt.

Konzentrieren zum Erinnern

Gewöhnen Sie Ihr Kind daran, genau hinzusehen und sich Bilder gut einzuprägen, die ihm später helfen werden, sich zu erinnern.

Wir erinnern uns gut, wenn wir gefühlsmäßig beteiligt sind.

Wir können uns fast alle an die gemütliche Atmosphäre in der Küche unserer Kindheit erinnern. Wissenschaftlich betrachtet liegt das daran, dass das Gefühlszentrum im Gehirn dicht neben dem Bereich liegt, der Informationen ins Langzeitgedächtnis überträgt.

Darum hat Ihr Kind positive Assoziationen zum Lesen, wenn Sie kuschelnd im Bett zusammen lesen. Das erleichtert ihm, eine Geschichte zu erfinden, um sich an bestimmte Wortgruppen zu erinnern. Das gleiche passiert, wenn Sie für lustige Geschichten sorgen.

Die Kombination von Musik und Wörtern hilft dem Gedächtnis

Den Text eines Liedes kann man sich besser merken, wenn man die Melodie kennt, weil die für Musik und Rhythmus zuständige rechte Gehirnhälfte mit der Wörter verarbeitenden linken Gehirnhälfte verbunden ist. Darum erinnert wir uns gut an gesungene Kinderreime und an alles, was wir in dieser Form gelernt haben.

Zeigen Sie also Ihrem Kind, wie man sich Telefonnummern, Wochentage usw. mit Hilfe von Rhythmen, Reimen und Liedern merken kann.

Merken und Erinnern

Die Schlüssel hierzu heißen Aufmerksamkeit und Wiederholung. Helfen Sie Ihrem Kind sich zu konzentrieren und genau aufzupassen, um sich später erinnern zu können. Die Spiele in diesem Buch geben Ihnen Anregungen.

Das Unterbewusstsein spielt eine wichtige Rolle

Wissenschaftler haben herausgefunden, dass unser Gehirn jede Nacht zwischen Wachheit und Schlaf auf eine andere Wellenlänge schaltet. Dieser Zustand ist der so genannte REM-Schlaf (gekennzeichnet durch schnelle Augenbewegung), in dem das Gehirn einen „Film" der Tagesereignisse „abspielt", um sie zu speichern. Wenn man lernt, vor dem Zubettgehen zu entspannen und über die Lektionen des Tages nachzudenken, unterstützt man diesen Speicherungsprozess.

Darum ist es so wichtig, dem Kind abends zu helfen zur Ruhe zu kommen und in entspannter Atmosphäre darüber zu reden, was an diesem Tag interessant war. Das Unterbewusstsein kann danach alles besser „einsortieren".

Merkspiele

Was tun?

Legen Sie 5 Gegenstände auf ein Tablett. Lassen Sie Ihr Kind sie sich 1 oder 2 Minuten lang einprägen, bevor sie das Tablett zudecken. An wie viele Gegenstände kann es sich erinnern?

Abwandlung: Ihr Kind prägt sich die Gegenstände ein, Sie nehmen heimlich einen weg. Welcher fehlt jetzt?

Sie können auf das Tablett legen: Blei-, Bunt- und Filzstifte, Küchenrolle, Zahlen und Buchstaben aus dem Spielalphabet, kleine Ziergegenstände oder Spielzeug und Spielkarten.

Wie dies Ihrem Kind beim Lernen hilft

Es trainiert das visuelle Gedächtnis – eine wichtige Voraussetzung für gute Erinnerung.

Der besondere Tipp

Sie können das Spiel leichter oder schwieriger gestalten, indem Sie die Anzahl der Gegenstände verändern, die sich Ihr Kind einprägen und merken soll.

Und noch etwas!

Schlagen Sie vor, die Gegenstände zuerst zu zählen (eine einfache, aber wirksame Gedächtnisstrategie) und sie in Kategorien einzuteilen.

Aktionen und Sätze merken

Was tun?

Version 1: Künden Sie an, dass Sie zwei Dinge tun werden. Ihr Kind soll Sie dabei beobachten. Sie können sich z. B. erst ans Ohr und dann an die Nase fassen. Dann sagen Sie „los“ und Ihr Kind muss Sie nachmachen. Wenn es 2 Aktionen kann, steigern Sie auf 3, 4 usw.

Version 2: Berühren Sie zwei oder mehr Gegenstände nacheinander und bitten Sie Ihr Kind, 5 Sekunden später dasselbe zu tun.

Wie dies Ihrem Kind beim Lernen hilft

Denken Sie daran, dass es leichter ist sich lustige oder verrückte Sachen und Sätze zu merken als ganz normale. Ihr Kind erinnert sich an das, was in seinen Augen bemerkenswert ist.

Satz des Tages

Einigen Sie sich beim Frühstück auf ein Wort oder einen Satz, an das/den Sie den ganzen Tag denken wollen. Erweitern Sie den Wortschatz, z. B. „Sieben smaragdgrüne Frösche springen auf Seerosenblättern.“ Wann immer Sie Ihr Kind während des Tages daran erinnern, muss es diesen Satz aufsagen.

Fragen Sie zum ersten Mal nach 30 Minuten, dann in größeren Abständen. Steigern Sie die Anzahl der Wörter und/oder die Zeitabstände. Die Sätze sollten lustig sein.

Der besondere Tipp

Sorgen Sie für Erfolgserlebnisse. Wenn Ihr Kind sich an drei, aber nicht an vier Aktionen erinnern kann, bleiben Sie länger bei drei.

Und noch etwas!

Ihr Kind soll drei Dinge tun, aber Sie zeigen nichts. Sagen Sie, dass es sie besser behalten kann, wenn es sie laut oder leise wiederholt.

Memory mit Spielkarten

Was tun?

Legen Sie aus einem Satz Spielkarten die Zahlenwerte zur Seite, mischen Sie die restlichen Karten und legen Sie sie verdeckt in acht Viererreihen auf den Tisch.

Jeder Spieler dreht zwei Karten rum und versucht ein Pärchen zu finden. Wenn die beiden Karten nicht passen, werden sie wieder verdeckt, wenn doch, darf er sie behalten und weiterspielen. Wenn alle Karten weg sind, hat der Spieler mit den meisten Pärchen gewonnen.

Wie dies Ihrem Kind beim Lernen hilft

Eine einfaches, aber gutes Konzentrationsspiel, um das Gedächtnis zu trainieren.

Der besondere Tipp

Wenn die Namen der Karten (Karobube, Herzdame usw.) laut gesagt werden, werden sie gleich für andere Kartenspiele gelernt.

Und noch etwas!

Nehmen Sie für kleinere Kinder nur 8 Karten, bei älteren können Sie das Spiel bis zu einem vollen Satz von 52 Karten steigern.

Aufgepasst!

Was tun?

Bitten Sie Ihr Kind, sich in einem Zimmer gut umzuschauen und alles zu benennen, was es sieht. Ihr Kind wird zunächst die vordergründigsten Dinge nennen. Machen Sie es auf die Dinge aufmerksam, auf die man sonst nicht achtet. Beim Einkaufen können Sie das genauso machen.

Ihr Kind soll sich ein Foto in einer Zeitschrift gründlich ansehen. Legen Sie es dann zur Seite und lassen Sie sich erzählen, woran das Kind sich noch erinnern kann. Oder bitten Sie Ihr Kind, Sie selbst gründlich anzusehen. Dann gehen Sie aus dem Zimmer und verändern etwas (Gürtel, Schuhe ...). Sieht Ihr Kind was das ist?

Wie dies Ihrem Kind beim Lernen hilft

Zur Konzentration gehören Aufmerksamkeit und genaue Beobachtung, ohne die im Gedächtnis nichts gespeichert werden kann.

Der besondere Tipp

Ihr Kind soll Sie beobachten, während Sie einen Körperteil nur minimal bewegen. Was haben Sie bewegt?

Und noch etwas!

Wenn Ihr Kind sich an ein Bild erinnert, zeigen Sie ihm systematisches Vorgehen – von links nach rechts, von oben nach unten.

In Gedanken Verstecken spielen

Was tun?

Der erste Spieler versteckt in Gedanken sich oder einen Gegenstand irgendwo im Haus, im Garten oder an einem Ort, den alle Spieler kennen, und nach dem sie dann fragen müssen. Dabei hilft es, sich eine „Strategie" zurecht zu legen, nach der man die Suche einengt. Die Spieler haben zwanzig Fragen.

Wie dies Ihrem Kind beim Lernen hilft

Dies ist ein ideales Spiel für Autofahrten, welches das visuelle Gedächtnis trainiert – ein wichtiges Lerninstrument für gute Rechtschreibung, mit dem man sich das Bild der Wörter gut einprägen kann.

Beispiel

Bist du im Haus?	Ja
Bist du oben im Haus?	Ja
Bist du im Badezimmer?	Nein
Bist du im Schlafzimmer?	Ja
Bist du auf einem Stuhl?	Nein
Bist du im Bett?	Ja

Der besondere Tipp

Sie können auch mit Fragen spielen, die gespeicherte Bilder abrufen, etwa: „Welche Farbe hat Omas Auto?" oder „Wo ist der Lichtschalter für das Badezimmer?"

Und noch etwas!

Weitere Fragen: „Was hast du gestern Mittag gegessen?" „Auf welcher Seite deines Betts steht deine Nachttischlampe?"

Kofferpacken

Was tun?

Ein altbewährtes Gedächtnis- und Konzentrationsspiel, bei dem Sie sich vorstellen in Urlaub zu fahren: „Ich packe meinen Koffer und nehme … meine Zahnbürste mit".

Der nächste Spieler muss den ganzen Satz wiederholen und etwas hinzufügen: „Ich packe meinen Koffer und nehme meine Zahnbürste und einen Kamm mit." und so weiter.

Sie können das Spiel abändern und aufzählen, was Sie im Supermarkt, im Kaufhaus oder im Spielwarengeschäft gekauft haben.

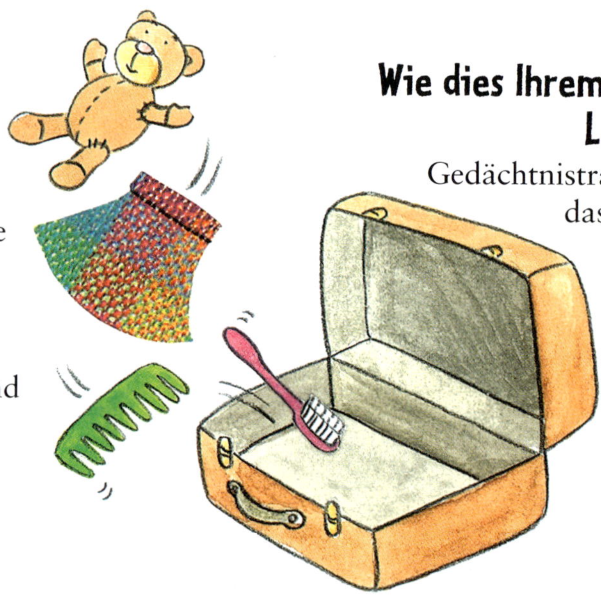

Wie dies Ihrem Kind beim Lernen hilft

Gedächtnistraining ist für das Lernen von Fakten sehr wichtig.

Der besondere Tipp

Vergessen Sie nicht, für Erfolgserlebnisse zu sorgen, indem Sie auch dieses Spiel einfach beginnen.

Und noch etwas!

Sie erzielen die gleiche Wirkung, wenn Sie sich am Abend beim Baden von Ihrem Kind seinen Tagesablauf erzählen lassen.

Selbstwertgefühl

„Von allen unseren Urteilen ist das über uns selbst das wichtigste."

Wayne W. Dyer

Glück der positiven Erziehung

Der Wert des Selbst

Das Selbstverständnis eines Kindes übt einen großen Einfluss auf seinen Lernerfolg und sein ganzes Leben aus, denn wir werden für gewöhnlich das, was wir glauben zu sein. Sein Selbstwertgefühl hängt von drei zusammenwirkenden Faktoren ab:

1. Das Gefühl, bedingungslos geliebt zu werden, d. h. für das was es ist und nicht für das, was es leistet.
2. Erfolg beim Erreichen selbst gesteckter Ziele, das Gefühl fähig zu sein.

3. Positive Förderung – besonders von den Eltern. Sind die Erwartungen der Eltern zu gering, wirkt sich dies ungünstig auf das Selbstwertgefühl des Kindes aus. Negative Erwartungen begrenzen jedes Kind. Das Selbstverständnis Ihres Kindes setzt sich aus all dem zusammen, was es Ihnen über sich glaubt und entsprechend von sich selbst hält. Dieses Bild konditioniert Ihr Kind für Erfolg oder Versagen.

Die folgenden Richtlinien helfen Ihnen, ein gutes Selbstverständnis Ihres Kindes aufzubauen.

Ein Kind ist nicht das, was es tut

Es macht einen Riesenunterschied aus, ob Sie „Du bist ein böser Junge“ oder „Ich hab dich lieb, aber ich mag nicht, was du da gemacht hast“ sagen. Mit dem ersten Satz kleben Sie Ihrem Kind ein negatives Etikett auf, mit dem zweiten kann er sich Ihrer Liebe und Unterstützung sicher sein, auch wenn Sie nicht mögen, was es getan hat. Kritisieren Sie die Handlung, nie die Person!

Leben Sie positive Einstellung vor

Die meisten Aufgaben im Leben kann man als Probleme oder Gelegenheiten sehen. Niemand mag Rückschläge, aber wie Sie damit umgehen hat eine tiefe Wirkung auf die Einstellung Ihrer Kinder. Zwei einfache Beispiele positiven Denkens:

1. Fragen Sie Ihr Kind nicht „Was ist heute passiert?“ sondern „Was ist heute **Gutes** passiert?“ Es gewöhnt sich so daran, die Dinge positiv zu sehen.
2. Fragen Sie es nach einem Fehlschlag: „Was können wir daraus lernen?“ Aus Fehlern zu lernen gehört zum Heranwachsen.

Eine neuere Studie zeigt, dass Familien, deren Mitglieder sich durch ein hohes Selbstwertgefühl auszeichnen, drei Faktoren gemeinsam haben :

1. **In jeder dieser Familien gehen ständig alle mit Respekt, Rücksichtnahme und Toleranz miteinander um** – mit bedingungsloser Liebe. Jedes Kind wurde gleichermaßen für seine Stärken wie für seine Schwächen geliebt und angenommen.

2. **In jeder Familie gab es definierte Maßstäbe, Grenzen und Erwartungen.** Die Kinder fühlten sich innerhalb dieser Richtlinien sicher. Die Regeln waren bekannt und wurden eingehalten.
3. **In jeder Familie herrschte ein hohes Maß an Demokratie.** Die Kinder wurden ermutigt, ihre Standpunkte mit einzubringen, auch wenn sie andere hatten als die Eltern. Es herrschte das einfache – wenn auch nicht leicht einzuhaltende – Prinzip von Disziplin: **Einmal festgelegte Regeln werden nicht mehr diskutiert, sondern eingehalten.** Lassen Sie Ihr Kind wissen, worum es geht, mit welchen Konsequenzen es bei Nichteinhaltung rechnen muss und dass dann z. B. ein fünfminütiger Stubenarrest seine eigene Wahl war. **Verhelfen Sie Ihrem Kind zu der Erfahrung, dass es fähig ist.** Greifen Sie nicht zu schnell helfend ein, es sei denn es bringt sich oder andere in Gefahr. **Versuchen Sie nicht, es in bestimmte Richtungen zu drängen.** Überlassen Sie ihm immer die Wahl, auch wenn Sie es ermuntern mitzumachen. Jeder Erwachsene muss selbstverantwortlich handeln und eigene Entscheidungen treffen können. Darum muss jedes Kind diese Fähigkeit früh entwickeln.

Unterstützen Sie Unabhängigkeit. Versuchen Sie weder, Ihrem Kind die eigenen Zielvorstellungen überzustülpen, noch kritisieren Sie es, wenn es sie nicht erfüllt. Es frustriert Kinder, wenn man sie einerseits zur Selbstständigkeit erzieht, ihnen dann aber keine Entscheidungsfreiheit lässt. Sie sollten sich immer nur überlegen: „Welches **Minimum** an Hilfe kann ich geben, ohne die Erfolgserlebnisse zu stören?"

Erwarten Sie Gehorsam und Ihr Kind gehorcht. Ein Kind tut meistens, was man von ihm erwartet. Wenn Sie nicht erwarten, dass es aufräumt, wird es das auch nicht tun. **Loben Sie lieber gutes Benehmen anstatt über schlechtes zu meckern.**

Wenn Kinder heranwachsen, brauchen sie viel positive Unterstützung. Wenn Sie korrigierend eingreifen müssen, formulieren Sie Ihren Rat positiv, damit das Kind weiß, was es tun soll und was nicht. Negative Kritik wirkt hemmend (**Dämpfer**), während positive aufbaut (**Beflügler**). Denken Sie immer erst nach, bevor Sie kommentieren.

DÄMPFER	BEFLÜGLER
Ich hasse es, wenn du ... (so rumschreist).	Ich fühle mich viel wohler, wenn ... (du leise sprichst).
Immer ... (wirfst du das Handtuch auf den Boden).	Ich freue mich, wenn ... (du das Handtuch aufhebst).
Nie hilfst du ... (den Tisch zu decken).	Es ist eine Hilfe, wenn ... (du den Tisch decken hilfst).
Ich wünschte, du würdest nicht immer ...	Mir gefällt es viel besser, wenn ...
Ich mach das schon. Du bringst nur wieder alles durcheinander.	Versuch es mal. Sag mir Bescheid, wenn du Hilfe brauchst.
Wie oft muss ich dir noch sagen, dass ... – Hörst du nie zu?	Denk mal darüber nach – ist das wirklich eine gute Idee?
Warum denkst du nie nach, bevor du losplapperst?	Wie bist du denn auf den Gedanken gekommen?

Beachten Sie, dass die Dämpfer Verallgemeinerungen sind, die nur selten stimmen und meist Hass und Abwehr erzeugen. Die Beflügler hingegen helfen Ihrem Kind zu sehen, was richtig ist.

Das Buch über MICH

Was tun?

Jedes Kind braucht ein klares positives Bild von sich selbst. Das „Buch über mich" hilft dabei. Es ist ein großes Notizbuch, in dem die ersten Leistungen und Meilensteine Ihres Kindes festgehalten werden.

Wie dies Ihrem Kind beim Lernen hilft

Kinder, die ein positives Bild von sich haben, sind motivierter und erfolgreicher als andere.

Der besondere Tipp

Schauen Sie sich das Buch häufig gemeinsam an und bringen Sie es auf den neuesten Stand.

Grundbausteine

1. Name und Foto auf dem Deckblatt.
2. Fotos von Meilensteinen aus jedem Alter.
3. Größe und Gewicht, alle 6 Monate.
4. Lieblingsfotos und Ansichtskarten.
5. Körperumrisse auf Tapete. Lassen Sie Ihr Kind die Einzelheiten einzeichnen: Finger, Haare, Gesichtszüge.
6. Hand- und Fingerabdrücke von Familienmitgliedern.
7. Familienstammbaum.
8. Familienfeiern.
9. Menschen, die Ihr Kind mag.
10. Liste neuer Lernerfolge.
11. Kunstwerke und Fotos.
12. Hitliste der bis dato tollsten Leistungen.

Was das Kind alles kann

Was tun?

Setzen Sie sich regelmäßig zusammen und schreiben Sie auf, was Ihr Kind schon alles kann. Kinder werden täglich mit dem konfrontiert, was sie noch nicht können, und brauchen das Wertschätzen ihrer Fortschritte.

Stellen Sie Fragen, von denen Sie wissen, dass Ihr Kind die Antworten kennt. Stellen Sie seine Kunstwerke im Haus aus. Erklären Sie, dass man für alles erst üben muss, bevor man Erfolg hat. Lassen Sie Ihr Kind Dinge selbst ausprobieren. Helfen Sie so wenig wie möglich, bzw. nur zum Ansporn.

Wie dies Ihrem Kind beim Lernen hilft

Ihr Kind strengt sich kontinuierlich an, wenn es ihm dabei gut geht und es merkt, dass sich die Anstrengung lohnt.

Der besondere Tipp

Wenn Ihr Kind einen Fehler macht, fragen Sie: „Was hast du jetzt gelernt, das dir beim nächsten Mal helfen kann?" Fehler sind Sprungbretter zum Erfolg.

Und noch etwas!

Gewöhnen Sie Ihr Kind daran, lieber vom Üben statt von Fehlern zu sprechen. So machen es die erfolgreichen Sportler.

Kunstwerke fotografieren

Was tun?

Bewahren Sie die Kunstwerke Ihres Kindes für die Ewigkeit. Wenn Ihr Kühlschrank mit Meisterwerken Ihres Sprössling zugeklebt ist, fotografieren Sie das Kind zusammen mit der Ausstellungsfläche und verewigen Sie das Foto in „seinem“ Buch (S. 115).

Wie dies Ihrem Kind beim Lernen hilft

Es erfüllt mehrere Zwecke: Sie dokumentieren die künstlerischen Fortschritte Ihres Kindes und machen es stolz auf seine persönlichen Leistungen. Gleichzeitig sehen Sie, wie groß bzw. klein es war, als es die Bilder malte.

Der besondere Tipp

Wenn Ihr Kind mit dreidimensionalen oder besonderen Kunstwerken aus dem Kindergarten nach Hause kommt, fotografieren Sie es mit seinem Werk.

Und noch etwas!

Aus besonders gelungenen Fotos von Ihrem Kind und Ihnen können Sie auch schöne Weihnachtskarten machen.

Gutscheine für Anstrengung

Was tun?

Solche Gutscheine sind sehr wirkungsvoll: Immer wenn Sie sehen, dass Ihr Kind sich große Mühe gegeben hat, auch wenn es keinen vollen Erfolg gehabt hat (oder gerade dann), geben Sie ihm einen. Bei einer vorher vereinbarten Anzahl kann das Kind die Gutscheine gegen einen gemeinsamen Ausflug oder eine besondere Aktivität – nicht gegen Spielzeug – einlösen.

Wie dies Ihrem Kind beim Lernen hilft

Bestärkt die Wichtigkeit persönlicher Anstrengung, ohne eine „Bestechung“ zu sein.

Der besondere Tipp

Erzählen Sie Geschichten, in denen Ausdauer zum Erfolg führt, z. B. über Thomas Edison, der erst nach 1.000 Versuchen die Glühbirne erfand.

Und noch etwas!

Erklären Sie, dass auch Fernsehstars und Leistungssportler immer wieder üben müssen, um Erfolg zu haben.

Gefühle erforschen

Was tun?

1. Gefühle ausleben
Ermutigen Sie Ihr Kind seine Gefühle auszuleben, wenn es wütend, glücklich, ängstlich, schüchtern usw. ist. Schlagen Sie vor, diese Gefühle mit Lauten auszudrücken. Wie fühlen sich diese Stimmungen an?

2. Gefühle hinterfragen
Blättern Sie durch eine Illustrierte. Was fühlen die Menschen dort? Nehmen Sie die Fotos zum Anlass, mit dem Kind über seine Gefühle zu reden, welche es z. B. im Kindergarten hat. Kann es die Gefühle malen?

Wie dies Ihrem Kind beim Lernen hilft

Für ein gutes Selbstwertgefühl muss man seine Gefühle annehmen und ausdrücken können.

Der besondere Tipp

Erzählen Sie selbst gelegentlich, wie Sie sich fühlen, was Sie glücklich oder traurig macht und was Sie in welche Stimmung versetzt.

Und noch etwas!

Es ist für Ihr Kind wichtig zu wissen, dass es ganz normal ist Gefühle zu haben, um keine Angst vor der eigenen Wut zu bekommen.

Quiz

Was tun?

Dieses Quiz können Sie jederzeit spielen, um das Selbstvertrauen Ihres Kindes zu stärken. Die Fragen sollten so gestellt werden, dass es immer richtig antworten kann:

- Nenne drei Dinge, die aus dem Himmel fallen.
- Nenne drei Ballspiele.
- Nenne Körperteile, die es paarweise gibt.
- Nenne drei Dinge, die man auf den Kopf setzen kann.
- Nenne drei Arten zu reisen.

Wie dies Ihrem Kind beim Lernen hilft

Wenn Ihr Kind Fragen beantworten kann, bekommt es Spaß an solchen Spielen. So kommt Prüfungsangst gar nicht erst auf.

Der besondere Tipp

Quellen für Fragen: Geschichten, Kinderreime, Tiere, Kochen, Haushalt, Körperteile, Autos, Gebäude.

Und noch etwas!

Etwas schwieriger wird es, wenn sie nach Dingen fragen, die läuten, klappern, donnern, klimpern, summen, heulen, hupen, scheinen ...

Bekannte und Verwandte

Was tun?

Schreiben Sie den Namen Ihres Kindes mitten auf ein Blatt Papier und verbinden Sie es mit allen Menschen, die es kennt: Familie, Freunde, Menschen, die es liebt. Machen Sie bewusst, wie bei der Nennung eines Namens gleich weitere Menschen ins Gedächtnis gerufen werden.

Wie dies Ihrem Kind beim Lernen hilft

Eine visuelle Möglichkeit zu zeigen, wie wir alle zusammenhängen, und eine Einführung in „Brainstorming", das Ihr Kind in der Schule für Aufsätze brauchen wird.

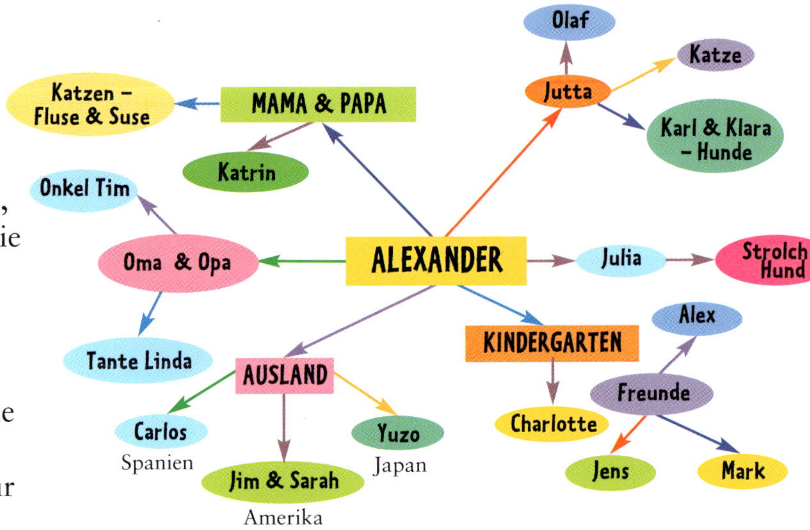

Der besondere Tipp

Zeichnen Sie das Bild, doch lassen Sie Ihr Kind die Namen schreiben (wenn es das kann).

Und noch etwas!

Erstellen Sie ein ähnliches Bild von einem Freund Ihres Kindes, damit es sehen kann, dass jeder der Mittelpunkt seiner eigenen Welt ist.

Schöne Erinnerungen

Was tun?

Eine liebevolle Umgebung ist für die intellektuelle Entwicklung Ihres Kindes genauso wichtig wie physische Sicherheit. Ein paar weniger selbstverständliche Anregungen:

- Entwickeln Sie ein Familiensiegel oder -logo, das zeigt, dass Sie einmalig sind.
- Bitten Sie Ihr Kind gelegentlich, Ihnen etwas zum Anziehen auszusuchen.
- Entwickeln Sie eine Zeremonie für Preisverleihungen bei Lernerfolgen.
- Backen Sie zusammen Brot, ziehen Sie eine Sonnenblume oder einen Kürbis von beeindruckender Größe heran.
- Reservieren Sie einen Platz, an dem Ihr Kind seine Kunstwerke ausstellen kann.

Wie dies Ihrem Kind beim Lernen hilft

Kinder, die in dem Bewusstsein aufwachsen, dass sie von ihren Eltern geliebt werden, haben ein emotionales „Kissen". Schlechte Zeiten in der Schule oder mit Freunden sind nicht so schlimm, wenn man weiß, dass man seine Probleme mit Eltern besprechen kann, die einen bedingungslos lieben.

Der besondere Tipp

So geliebte Kinder lernen sich selbst und damit auch andere zu lieben. Schöne Erinnerungen an die Kindheit lassen sie dasselbe für die eigenen Kinder tun.

Und noch etwas!

Ganz besonders die unerwarteten Glücksmomente werden wie ein Schatz in Erinnerung behalten.

Werte

„Die Art, in der wir die Welt um uns herum wahrnehmen, ist genauso individuell wie unsere Fingerabdrücke."

Don G. Campbell

Rhythms for Learning

Werte schaffen

Wir meinen, dass man kein hohes Selbstwertgefühl entwickeln kann ohne einen ausgeprägten Sinn für wahre Werte. Auch kann man ohne diese nicht wahrhaft glücklich werden. Deshalb stehen Werte an der Spitze unserer Pyramide des Glücks. Der einzige Mensch, der Ihrem Kind Werte vermitteln kann, sind Sie. Übrigens wird es bis zu seinem achten Geburtstag etwa 40.000 Stunden zu Hause und nur 4.000 in Schule und Kindergarten verbracht haben!

Die Anfangsfrage lautet: „Welche Werte?“ Bei kleinen Kindern sollte man alles einfach halten. Darum schlagen wir vor, sich zunächst auf fünf Werte zu konzentrieren:

Verantwortung – für das Zuhause, für sich selbst.
Selbstbeherrschung – bei Launen, beim Essen, beim Fernsehen, bei der Arbeit.
Respekt – Höflichkeit, Mitgefühl und Teilen.
Ehrlichkeit – die Wahrheit sagen, Spielregeln einhalten.
Mut – das Richtige tun, auch wenn es schwer fällt.

Ihr Kind sollte Werte erleben

1. Lesen oder erzählen Sie Geschichten, in denen es um Werte geht. Aesop hat seine Fabeln für genau diesen Zweck geschrieben! Danach reden Sie mit Ihrem Kind darüber.

2. Erklären Sie Werte mit einfachen Worten und warum sie wichtig sind. Manches kann man dramatisieren um zu zeigen, was passiert, wenn jemand keine Werte hat, und z. B. unehrlich, unverantwortlich oder feige ist.
3. Erfinden Sie eingängige Sätze wie „Das kann uns nicht egal sein“, „Man muss teilen können“ „Ehrlich währt am längsten“ usw.
4. Machen Sie auf Beispiele im täglichen Leben aufmerksam und seien Sie vor allem Vorbild!
5. Bestärken Sie Ihr Kind mit sofortigem Lob. Großzügiges Lob, immer wenn das Kind das gewünschte Verhalten zeigt, ist ein Geheimrezept. Belohnen Sie es mit Bonuspunkten.
6. Konzentrieren Sie sich jeden Monat auf einen anderen Wert und machen Sie ihn zum „Thema des Monats“. Damit kommen Sie alle fünf oder sechs Monate wieder auf jeden Wert zurück und können ihn vertiefen. So bekommt Ihr Kind im Laufe der Zeit viel positive Aufmerksamkeit.
7. Versprechen Sie Ihrem Kind, dass Sie diese Werte einhalten werden und verlangen Sie dasselbe von ihm. Man gibt sich mehr Mühe, öffentlich gegebene Versprechen einzuhalten.

Vier Regeln für das Lehren von Werten

1. **Geben Sie Belohnungen mehr Gewicht als Kritik.** Meckern verdirbt jedes Verhältnis und führt zu nichts. Nutzen Sie jede Gelegenheit, gutes Verhalten zu loben und zu belohnen – und wenn es nur Ansätze dazu sind!
2. **Erklären Sie, warum Werte wichtig sind.** Es ist wichtig, dass sich Kinder den Werten unterwerfen und nicht Ihnen. Darin besteht der Unterschied zwischen der (von innen kommenden) dauerhaften Eigenmotivation und der (von außen kommenden) vorübergehenden Fremdmotivation.
3. **Ihr Kind lernt von Ihnen mehr als von anderen** und zwar nicht durch das, was Sie sagen, sondern durch das, was Sie tun. Keiner ist perfekt. Wir sind alle gelegentlich müde, deprimiert oder verärgert oder wir fluchen, wenn wir es nicht sollten. Aber damit machen wir den Kindern vor, dass so ein Verhalten in Ordnung ist. Darum sollten Sie sich in einem solchen Fall bei Ihrem Kind entschuldigen und erklären, was daran falsch war.
4. **Betonen Sie immer wieder die Wichtigkeit der Werte.** Benutzen Sie regelmäßig Wörter wie: verantwortlich, ehrlich, Respekt, Mitgefühl, Mut usw. und auch die gegenteilige Bedeutung, (unverantwortlich, unehrlich, respektlos, rücksichtslos), um den Unterschied klar zu machen. Kinder müssen Werte erfahren, um sie zu verstehen, und die richtigen Wörter gebrauchen lernen, um die Werte richtig benennen und beschreiben zu können.

Führen Sie eine Tagesliste ein

Auf der nächsten Seite finden Sie eine Tagesliste, aus der hervorgeht, was von Ihrem Kind täglich erwartet wird. So werden gute Werte verstärkt. Wenn Sie sich entschieden haben, was auf diese Liste gehört, hängen Sie Kopien überall ins Haus.

Die Tagesliste

Dies sind ein paar Ideen für Ihre Liste. Ein Muster finden Sie auf Seite 126.

Etwas Besonderes

Dies kann eine besondere Aufgabe sein, die Ihr Kind für jemand anderen übernommen hat, oder eine besondere Anstrengung, die es gemeistert hat.

Das Sterne-System

Belohnen Sie es mit einem Stern, wenn Ihr Kind fünf oder mehr Punkte an einem Tag erreicht hat. Das ist ein zusätzlicher, sichtbarer Anreiz.

Was passiert bei schlechten Ergebnissen?

Richten Sie das Augenmerk der Liste nur auf belohnenswertes, gutes Verhalten und Verantwortung. Sie haben bereits eine andere Art mit schlechten Ergebnissen umzugehen – also bitte kein Punktabzug!

Verwaltung der Tagesliste

Beständigkeit ist äußerst wichtig. Ihr Kind sollte die Liste jeden Abend mit Ihnen ausfüllen. Dieses Ritual gibt Ihnen die Gelegenheit, gutes Verhalten zu loben und zu bestärken. Am Ende der Woche werden die Punkte addiert und die Belohnung sollte so bald wie möglich folgen.

Regeln

Wie dies Ihrem Kind beim Lernen hilft

Kinder (und Erwachsene) fühlen sich Regeln und Vereinbarungen nur verpflichtet, wenn sie daran mitgewirkt haben.

Was tun?

Kinder sollten an der Aufstellung von Regeln und Grenzen beteiligt werden:

- Rufen Sie eine Familienkonferenz ein, machen Sie etwas Besonderes daraus.
- Erklären Sie die Notwendigkeit von Regeln, z. B. an Hand von Ampeln oder Spielregeln.
- Besprechen sie die zukünftigen Regeln.
- Schreiben Sie die Regeln auf.
- Stimmen Sie ab.
- Vereinbaren Sie angemessene Maßnahmen bei Nichteinhaltung.
- Jeder (auch Sie!) verspricht, die Regeln einzuhalten.

Der besondere Tipp

Geeignete Themen: Schlafenszeit, Fernsehen, Höflichkeit, Aufräumen, Betragen, Gehorsam.

Verantwortung

Was tun?

1. Erzählen Sie die Geschichte der drei Schweinchen, bei der das älteste Schwein härter arbeitete und die Verantwortung hatte.
2. Reden Sie darüber, auf welche Weise Sie für Ihr Kind verantwortlich sind und erklären Sie das Wort.
3. Reden Sie darüber, welche Verantwortung Ihr Kind hat: Spielzeug aufräumen, Tiere füttern, Tisch decken/abräumen, Bett machen.
4. Machen Sie eine Tagesliste.
5. Haken Sie abends alle erledigten Aufgaben ab und belohnen Sie mit Punkten und Sternen. Das dauert nur eine Minute.

Wie dies Ihrem Kind beim Lernen hilft

Sie bekommen das Verhalten, das Sie belohnen.

Der besondere Tipp

Loben Sie täglich jeden Erfolg und belohnen Sie ihn mit Punkten und einem wöchentlichen Preis. Machen Sie aus dem Abhaken der Liste ein kleines Ritual.

Und noch etwas!

Bonuspunkte sind ein ideales Mittel, gutes Betragen und damit **alle** Werte zu belohnen (und zu stärken).

Selbstbeherrschung

Was tun?

1. Erzählen Sie eine Geschichte, in der es um Selbstbeherrschung geht (z. B. die von Peter Pan).
2. Reden Sie darüber, warum Selbstbeherrschung im Familienleben wichtig ist. Erklären Sie das Wort.
3. Reden Sie darüber, wie man Selbstbeherrschung üben kann, indem man etwa bis 10 zählt, wenn man wütend ist, erst seine Aufgaben erledigt, bevor man fernsieht, und sein Taschengeld spart.
4. Üben sie Beruhigungstechniken.
5. Bestärken Sie Selbstkontrolle durch Lob und Bonuspunkte.

Wie dies Ihrem Kind beim Lernen hilft

Kinder sollen lernen, kurzfristige Bedürfnisse zurückzustellen (Fernsehen, unüberlegte Geldausgabe), um langfristige Erfolge (z. B. Schule) zu erreichen.

Der besondere Tipp

Verkünden Sie Standardsätze wie „Erst die Arbeit, dann das Vergnügen“.

Und noch etwas!

Richten Sie eine „Kühlbox“ ein – einen Ort, an dem sich Ihr wütendes Kind beruhigen kann.

Respekt

Was tun?

1. Erzählen Sie eine Geschichte, in der es um Respekt geht (z. B. König Drosselbart).
2. Reden Sie über die Wichtigkeit von Respekt im Umgang miteinander, wozu auch Höflichkeit, Gehorsam, Mitarbeit und Respekt vor dem Leben gehören.
3. Reden Sie darüber, wie Ihr Kind Respekt zeigen kann, indem es sich entschuldigt.
4. Wenn Ihr Kind Respekt zeigt, loben Sie es dafür und geben ihm Bonuspunkte für gutes Betragen.

Wie dies Ihrem Kind beim Lernen hilft

Kinder, die Respekt verstehen, werden in der Gesellschaft erfolgreicher als andere.

Der besondere Tipp

Verkünden Sie Standardsätze wie „Man muss auch an die anderen denken“.

Und noch etwas!

Machen Sie deutlich, dass man nach einer ehrlich gemeinten Entschuldigung ohne Bestrafung einen neuen Anfang machen kann.

Ehrlichkeit

Was tun?

1. Erzählen Sie eine Geschichte, in der Ehrlichkeit wichtig ist (z. B. von dem Hirtenjungen, der ohne Grund um Hilfe ruft).
2. Reden Sie darüber, was Ehrlichkeit in der Familie bedeutet (Wahrheit sagen, Fehler zugeben, nicht mogeln, anderen nichts wegnehmen).
3. Loben und belohnen Sie Ihr Kind mit Bonuspunkten, wenn es Beispiele von Ehrlichkeit gezeigt hat.

Wie dies Ihrem Kind beim Lernen hilft

Ehrlichkeit – auch zu sich selbst – ist die Grundlage von sozialen Fähigkeiten.

Der besondere Tipp

Verkünden Sie Weisheiten wie „ehrlich währt am längsten" und „Lügen haben kurze Beine".

Und noch etwas!

Spielen Sie „Ist das eine Tatsache oder eine Meinung?", um zu bekräftigen, dass jeder anders ist und es auch sein darf!

Mut

Was tun?

1. Erzählen Sie eine Geschichte, die Mut crklärt.
2. Reden Sie darüber, was Mut in Ihrer Familie heißt: das Richtige tun, auch wenn es schwer fällt, Nein sagen, wenn man weiß, dass etwas nicht stimmt, Neues ausprobieren, auch wenn man nervös ist, vom Fahrrad fallen und wieder aufsteigen, Ausdauer.
3. Achten Sie auf jeden Beweis von Mut, loben Sie Ihr Kind dafür und belohnen Sie es mit Bonuspunkten für gutes Benehmen.

Wie dies Ihrem Kind beim Lernen hilft

Man braucht Mut um zu seinen moralischen Prinzipien zu stehen.

Der besondere Tipp

Enwickeln sie einprägsame Sätze wie „Mut ist gut", „Dem Mutigen gehört die Welt".

Und noch etwas!

Lassen Sie Ihr Kind miterleben, dass Sie sich selbst auch darum bemühen, alles richtig zu machen.

Mitgefühl

Was tun?

Wenn Sie alle unangenehmen Dinge des Lebens von Ihrem Kind fernhalten, wird es glauben, dass die Geborgenheit im Elternhaus selbstverständlich ist. Fragen Sie es, warum manche Menschen lieber alleine leben oder sich nicht leisten können, genug zu essen. Belasten Sie es nicht mit den Sorgen anderer Menschen, aber machen ihm dennoch bewusst, was in der Welt geschieht.

Wie dies Ihrem Kind beim Lernen hilft

Zu erfahren, wie andere Menschen leben, hilft Ihrem Kind, Mitgefühl und Verständnis für die Gesellschaft zu entwickeln.

Der besondere Tipp

Reden Sie mit Ihrem Kind darüber, wie es wohl ist, wenn man auf der Straße leben muss oder so arm ist, dass man nicht genug zu essen hat.

Und noch etwas!

Ein Kind mit Mitgefühl kann tiefe Beziehungen zu anderen Menschen aufbauen.

Wochenplan

AUFGABEN	MO	DI	MI	DO	FR	SA	SO
Tisch abräumen	✓	✓					
Kaninchen füttern	✗	✓					
Bett machen	✓						
*Bonus für gute Arbeit							
SUMME							

PREIS AM ZIEL: **Kirmesbesuch**

HÖCHSTE PUNKTZAHL: **21**

Nützliches

Buchempfehlungen

Frühförderung

Förderspiele für Babys
von Jackie Silberg, 2002

Geschickte Hände. Feinmotorische Übungen für Kinder in spielerischer Form
von Sabine Pauli, Andrea Kisch 2001

Hurra, ich kann's. Frühförderung für Vorschüler und Schulanfänger (Lernmaterialien)
von Franz Sedlak, Brigitte Sindelar, Erich Ballinger 2002

Praktische Infos für Eltern

Montessori für Eltern. Die Materialien, die Methode. Für Kinder von 2 bis 6
von Helga Biebrichter, Horst Speichert 1999

Früherkennung und Frühförderung von Schreib-Lesevoraussetzungen
von Breuer, Schwald, Thewalt 2001

Babyjahre. Die frühkindliche Entwicklung aus biologischer Sicht
von Remo H. Largo 2001

Einfach genial. Die 7 Arten der Intelligenz
von Kurt Langbein, Rike Fochler 1997

Die dreißig schönsten Kinderlieder
Audio-CD, Europa 2002

Das große Kinderlieder-Album
Doppel-CD, Kid 2000

Register

Alphabet 43, 54-60
Anweisungen 89
Aufgaben 35
Aufpassen 17-19, 85, 107, 109, 113

Balancieren 28
Ball 26
Beflügler 114
Belohnungen 15, 121
Besuche 27, 116
Bingo 47, 67
Blickwinkel 85
Brettspiele 50
Briefe 18, 52, 54-60, 88
Buch über mich 19, 115
Bücher 38-52, 127
Buchstaben 88

Collagen 79, 80

Dämpfer 114
Danke-Karten 19
Demokratie 113
Denken 14 f., 17, 84-92, 94
Domino 65

Einkaufen 48, 66
Einstellung 112
Experimente 100-104

Fakten 92
Farben 33, 76
Fehler 13, 112, 115
Fernsehen 41, 85
Förderung 14, 31, 85, 114
Formen 57, 64 f., 80
Fotos 19, 32, 116
Fragen 47, 85
Fremdsprachen 32

Gedächtnis 23, 106-110, 118
Gefühle 17, 97, 98, 117
Geschichten 32, 120
Geschmack 26
Gutscheine 116

Ich sehe was ... 36, 103
Intelligenz 10, 20, 127

Karten 11, 39 f., 44-47, 49, 55, 60, 63, 67, 74, 109
Kinderreime 90
Konzentration 106, 109
Kreativität 76-82
Kunstwerke 76, 77, 116
Kuscheln 18

Lesen 18, 31, 38-52, 120
Liebe 18, 112, 118
Lieder 96
Listen 52, 115, 121 f.

Malerei 78
Mathematik 62-74, 94 f.
Meinungen 92
Memory 109
Motivation 15, 60, 115
Musik 94-98, 106

Nachschlagen 127
Namen 34, 58, 118
Natur 100-104

Pflanzen 103
Phoneme 41, 45 f.
Planet von ES 91
Positive Haltung 112, 114, 115
Problemlösung 84
Propellerkreisen 25
Puzzle 50

Rasseln 96
Rechnen 62-74, 94 f.
Regeln 123
Reime 36, 38, 51
Rhythmus 94, 95

Sammlungen 85
Sätze 40, 49, 51
Schablonen 57
Schatzsuche 49
Schmetterlinge 102
Schreiben 54-60
Selbstbeherrschung 124
Selbstwertgefühl 112-118
Simon sagt 35
Sinne 22-28, 76
Sterne 122
Stoff 77
Stoppuhr 71
Struktur 102

Tagesliste 121 f., 126

Übungen 23 ff., 56
Unterbewusstsein 107

Väter 17
Verkleiden 76
Verstecken 110
Vorhersagen 87

Wandtafeln 46
Wasser 104
Weltreisender 16, 33
Werte 120-126
Wiederholen 107, 121
Wiegen 66
Wissenschaft 100-104
Wörter 31 f., 34, 52
Wortschatz 29-36, 85, 90, 97

Zählen 62-74
Zahlen 62-74, 88
Ziele 86
Zuhören 17, 94, 96, 97

Ameise	Ball	Boot	Ecke
Amsel	Bank	Brief	Ei
Angel	Baum	Brot	Eimer
Anker	Berg	Bruder	Eis
Anne	Biene	Dach	Eisen
Ast	Bild	Decke	Elefant
Auge	Birne	Doktor	Engel
Auto	Blume	Dose	Ente

Erde	Gabel	Heft	Kamm
Esel	Garten	Herr	Kater
Faden	Geld	Hilfe	Katze
Feder	Gold	Holz	Kegel
Fee	Gras	Hose	Kerze
Fenster	Hals	Hund	Kette
Fisch	Hand	Hut	Kiste
Fleisch	Haus	Igel	Klasse

Kleid	Mama	Oma	Reis
Kreis	Maus	Papa	Ring
Kugel	Meer	Papier	Sack
Kuh	Messer	Pilz	Salat
Leiter	Milch	Pinsel	Salz
Licht	Name	Puppe	Schal
Lippe	Nase	Rad	Schere
Loch	Ohr	Regen	Schiff

Schirm	Sonne	Tante	Uhr
Schuh	Stadt	Tasse	Uhu
Schule	Stern	Teil	Vater
See	Stuhl	Teller	Vogel
Seife	Stunde	Tier	Wald
Seil	Suppe	Tisch	Wasser
Seite	Tafel	Torte	Wiese
Sessel	Tal	Treppe	Wolf

Wolke	alt	falsch	hell
Wort	arm	faul	jung
Wurst	breit	flach	kalt
Zimmer	bunt	fleißig	klein
Zirkus	dick	glatt	klug
Zoo	dumm	groß	krank
Zucker	dunkel	gut	kurz
Zug	dünn	hart	lang

laut	neu	stark	an
leer	rau	still	auf
leicht	reich	süß	aus
leise	richtig	tief	bei
lustig	rund	voll	durch
müde	schnell	wach	für
nah	schön	warm	hinter
nass	schwer	weich	in

mit	vor	dich	ich
nach	zu	die	ihm
neben	das	diese	ihn
ohne	dein	dieser	mein
über	deine	dir	mich
um	dem	du	mir
unter	den	er	sein
von	der	es	sie

Butter	Hose	Eis	Maus
Futter	Rose	Reis	Laus
Kutter	Hund	weiß	Bild
Mutter	Mund	Meer	Schild
Baum	Band	leer	wild
Raum	Hand	Kind	Ohr
Traum	Land	Wind	Rohr
Dose	Sand	Haus	Tor

Oma	Kamm	Uhr	Kirsche
Hose	Hase	Hund	Lippen
Rock	Tasse	Mund	Birne
Krone	Blatt	Nudel	Ring
Boot	Hahn	Puppe	Tisch
Vogel	Apfel	Buch	Pilz
Rose	Uhu	Suppe	Fisch
Affe	Ute	Igel	Kind

WER	MACHT WAS
Die Familie	isst zu Mittag.
Das Mädchen	schwimmt.
Mein Freund	spielt gern.
Mein Hund	läuft schnell.
Der Lehrer	liest vor.
Der Vogel	badet.
Mein Bruder	ärgert mich.

WER	MACHT WAS
Mein Vater	fährt Auto.
Der Löwe	brüllt laut.
Die Sonne	brennt.
Meine Mutter	kauft ein.
Der Tiger	hat Streifen.
Die Katze	trinkt Milch.
Der Elefant	rennt weg.

alt	bunt	Faden	Kamel	rennen
Ast	Dach	fliegen	Kleid	sagen
Auge	Doktor	Gurke	leise	Schere
Berg	Eimer	Himmel	Pirat	Storch
Biene	Elefant	Igel	Rad	Vater

Ameise	dunkel	ich	Oma	Sonne
Auto	Eis	Kakao	Radio	Tafel
Bank	fleißig	lachen	richtig	tanzen
breit	Garten	Mama	Schiff	Uhu
dein	Hand	nach	schön	Zirkus

1	1	1	1
1	1	2	2
2	2	2	2
3	3	3	3
3	3	4	4
4	4	4	4

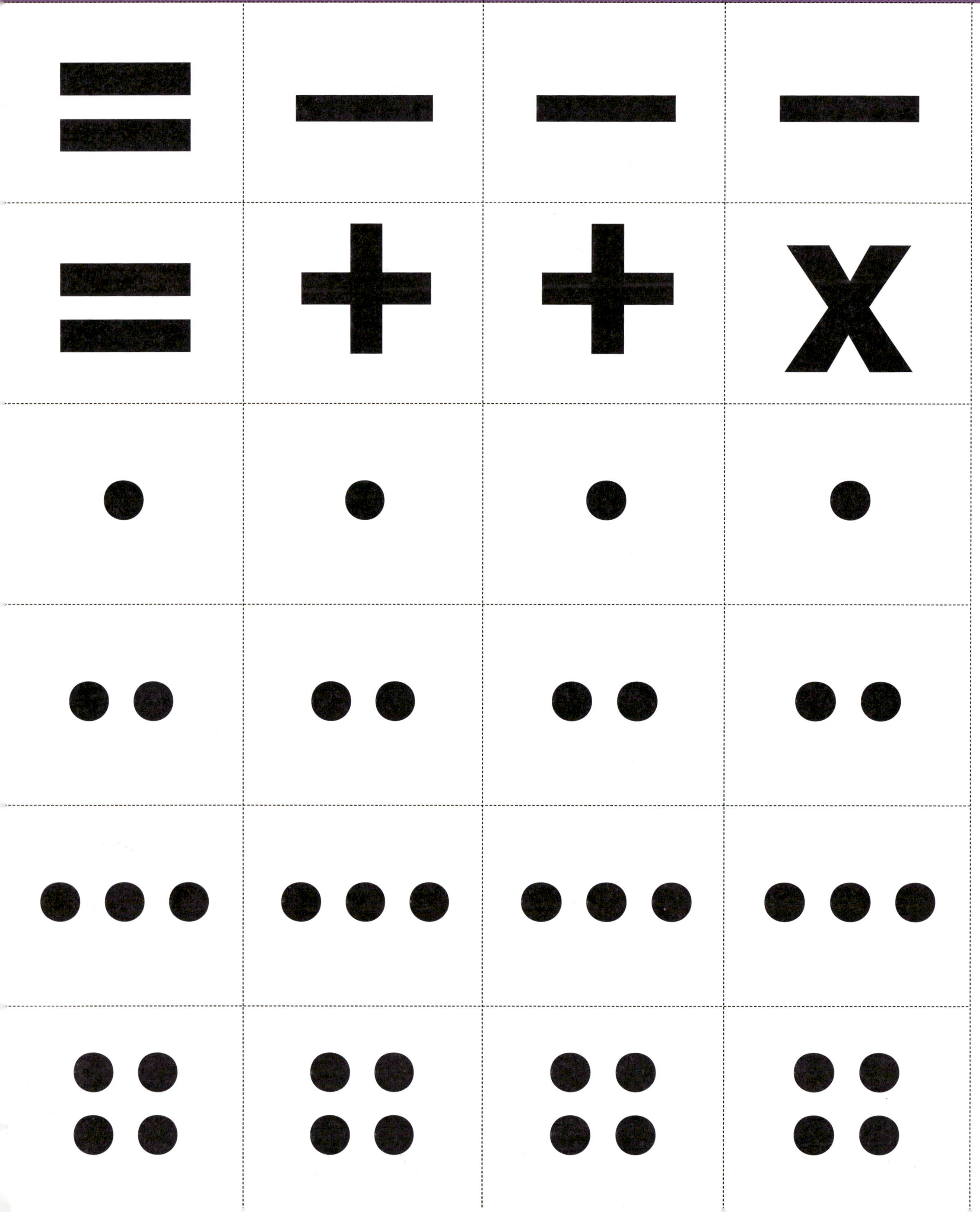

=	−	−	−
=	+	+	x
•	•	•	•
• •	• •	• •	• •
• • •	• • •	• • •	• • •
• • • •	• • • •	• • • •	• • • •

5	5	5	5
6	6	6	6
7	7	7	7
8	8	8	8
9	9	9	9
10	10	10	10